KB267779

부모의 변화가 아이를 살린다!

부모의변화가 아이를 살린다!

초판 1쇄 발행 2015년 5월 1일

지 은 이 박영곤
발 행 인 권선복
편 집 김정웅
디 자 인 이세영
교 정 김성호
마 케 팅 정희철
전 자 책 신미경
발 행 처 도서출판 행복에너지
출판등록 제315-2011-000035호
주 소 (157-010) 서울특별시 강서구 화곡로 232
전 화 0505-613-6133
팩 스 0303-0799-1560
홈페이지 www.happybook.or.kr
이 메 일 ksbdata@daum.net

값 15,000원

ISBN 979-11-5602-096-7   13370

Copyright ⓒ 박영곤, 2015

부모의 변화가 아이를 살린다!

박영곤 지음

도서출판 행복에너지

 머리말

"큰 꿈을 가져라.", "긍정적 생각을 해라."

아이에 대한 부모님의 사랑과 기대가 많이 묻어 있는 좋은 말들입니다. 부모님의 사랑과 관심의 크기만큼 아이에게 더 많은 것을 기대하게 됩니다.

하지만 아이의 긍정적 변화와 성장을 간절히 원하면서도 아이의 변화를 현실로 만들기 위한 부모님의 변화는 잘 보이지 않습니다. 요구만 할 뿐 모델이 되지는 못하고 있는 것입니다.

부모님이 아이에게 역할 모델이 될 수 있을 때 아이의 변화와 성취는 현실이 될 수 있습니다. 아이가 태어나서 한 사람의 성인으로 독립해서 행복하게 살아갈 수 있는 삶의 지혜를 부모님으로부터 모두 다 배운다고 해도 지나침이 없을 것입니다. 어릴 때 부모님과의 건전한 관계 형성과 다양한 학습 및 경험이 뇌에 프로그래밍되어 성인이 된 이후의 삶에 절대적인 영향을 미치게 됩니다.

학교와 사회에서 아이들을 위한 양질의 교육 서비스와 코칭을 아무리 훌륭하게 제공하더라도 가정에서 부모님의 역할에 문제가 있다면 모든 것이 물거품이 되고 맙니다.

아이의 변화를 원한다면 부모님의 변화가 먼저입니다. 아이의 문제는 아이의 책임이 아닙니다. 그것은 부모님의 책임입니다. 아이는 부모님의 코칭에 의해 조건 형성된 부모님의 또 다른 모습인 그림자로 성장하고 살아가기 때문입니다.

우리 아이의 미래는 지금 현재 부모님의 모습과 코칭에 의해 만들어져 갑니다. 아이들의 변화와 성장에 대한 기대만큼 부모님이 먼저 변화해야 합니다.

부모님의 변화를 위해 멘탈코칭에 대한 이해와 기술이 절실히 요구되는 현실에서 『부모의 변화가 아이를 살린다!』라는 책이 이 땅의 많은 부모님에게 한 줄기 빛과 소금이 되리라 믿습니다.

이 책은 위대한 업적과 성과를 이룬 세계 최고의 위인들이 남긴 명언을 우리 아이 멘탈 혁명을 위하여 현대의 뇌과학과 NLP, 성공학, 심리코칭기법으로 쉽고 간단하게 풀이하였으며, 세부적인 멘탈코칭 Tip을 제시하여 부모님이 아이 교육에 바로 활용이 가능하도록 구성하였습니다.

『부모의 변화가 아이를 살린다!』 이 책으로 부모의 변화를 통한 우리 아이의 '성취하는 삶!', '건강한 삶!', '행복한 삶!'이 실현되기를 소망합니다.

NLP공인트레이너 박영곤

"아이의 문제는 아이의 책임이 아닙니다."
"부모의 책임입니다."

아이에게는 부모님의 모든 것을 자신의 것으로 만드는 거울 신경세포가 있습니다.

부모님으로부터 유전적 요인을 물려받고 부모님의 관심과 사랑, 긍정적 피드백 속에 성장을 하며 사회적 관계를 형성해갑니다.

부모님과의 끊임없는 커뮤니케이션을 통해 자아를 형성하며 뇌의 신경회로를 만들어갑니다. 아이의 존재와 인성의 대부분은 부모와의 커뮤니케이션을 통하여 형성해 놓은 결과라고 할 수 있습니다.

아이와의 커뮤니케이션은 말로만 이루어지는 것이 아닙니다.

부모님의 얼굴표정, 말, 몸짓, 신체 반응 등 모든 것이 아이의 뇌에 입력되고 저장되어 아이의 말과 행동으로 표현됩니다.

아이를 변화시키고 훌륭하게 성장시킬 수 있는 디딤돌 역할을 하는 것은 바로 부모님입니다.

아이가 아무리 훌륭하고 뛰어난 재능을 갖고 있다 해도 아이에게 맞는 코칭이 이루어지지 않는다면 아이의 타고난 재능은 오히려 아이를 힘들게 하는 독이 될 수도 있습니다.

아이의 변화와 성장을 원한다면 우리 부모님이 변화해야 합니다.

아이의 건강한 멘탈과 잠재된 가능성의 자원을 일깨우고 성장시키는 구체적인 원리와 기법을 부모님이 먼저 배우고 실천할 때 아이는 한 단계 더 성장할 수 있습니다.

아이의 성장은 부모님의 믿음의 크기만큼 이루어집니다.

그 믿음은 물론 긍정의 믿음이요 성공의 신념입니다.

부모님이 변해야 아이가 변합니다.

본 책의 내용은 아이를 위한 부모님의 변화를 위한 멘탈교육의 지침서가 될 것으로 확신합니다.

아무쪼록 박영곤 박사의 긍정멘탈과 '하마 돼지'의 강한 기운이 대한민국 멘탈 혁신을 이끌어 가기를 간절히 바랍니다.

동아대학교 교수 박준동

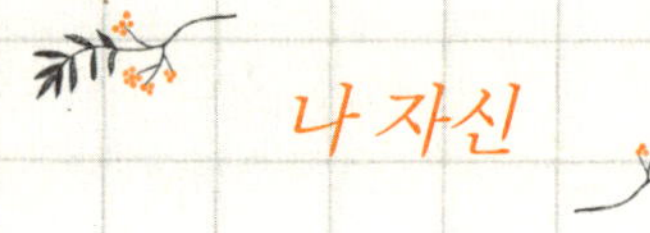

나 자신

내가 젊고 자유로워서 상상력에 한계가 없을 때
나는 세상을 변화시키는 꿈을 가졌었다.
좀 더 나이가 들고 지혜를 얻었을 때
나는 세상이 변하지 않으리라는 것을 알았다.

그래서 내 시야를 약간 좁혀
내가 살고 있는 나라를 변화시키겠다고 결심했다.
그러나 그것 역시 불가능한 일이었다.

황혼의 나이가 되었을 때
나는 마지막 시도로
나와 가장 가까운 내 가족을 변화시키겠다고 결심했다.

그러나 아무것도 달라지지 않았다.
이제 죽음을 맞이하기 위해 자리에 누운 나는 문득 깨닫는다.
만약 내가 내 자신을 먼저 변화시켰더라면
그것을 보고 내 가족이 변화되었을 것을.

또한 그것에 용기를 얻어
내 나라를 더 좋은 곳으로 바꿀 수 있었을 것을.
그리고 누가 아는가?
세상까지 변화되었을지!

영국 성공회의 한 주교의 묘비에 적혀있는 글

진정한 성공

자주 그리고 많이 웃는 것.
현명한 이에게 존경을 받고
아이들에게 사랑을 받는 것.
정직한 비평가의 찬사를 듣고
친구의 배반을 참아내는 것.
아름다움을 식별할 줄 알며
다른 사람에게서 최선의 것을 발견하는 것.

건강한 아이를 낳든
한 뙈기의 정원을 가꾸든
사회 환경을 개선하든
자기가 태어나기 전보다
세상을 조금이라도 살기 좋은 곳으로
만들어 놓고 떠나는 것.
자신이 한때 이곳에 살았다는 걸로
단 한 사람의 인생이라도 행복해지는 것.
이것이 진정한 성공이다.

랄프 왈도 에머슨

사명

인생의 목적은 끊임없는 전진에 있다.
앞에는 언덕이 있고 시냇물이 있고 진흙도 있다.
걷기 좋은 평탄한 길만 있는 것은 아니다.

먼 곳으로 항해하는 배가 전혀 풍파를 만나지 않고
순탄하게 갈 수만은 없다.
풍파는 언제나 전진하는 자의 벗이다.
차라리 고난 속에 인생의 충만한 기쁨이 있다.
풍파 없는 항해!
이 얼마나 건조하고 단조로운 것인가?
고난이 심할수록 내 가슴은 마구 뛴다.

니체

미인공격화비불 微人共激火非不

아이가 본능적으로 **좋아합니다**

미(微): 미소짓기

부모님의 얼굴은 아이들이 더 많이 봅니다.
부모님의 미소가 아이를 함께 미소 짓게 합니다.

인(人): 인사하기

부모님의 밝은 인사 습관은 아이가 보고 배우게 됩니다.
부모님은 아이의 거울과 같습니다.

공(共): 공감하기

아이와 함께 느끼면 아이와 같은 편이 됩니다.
아이와 같은 방향을 바라보게 되면 아이와 하나가 됩니다.

격(激): 격려하기

부모님의 격려는 아이의 자기효능감을 향상시켜 줍니다.
아이가 세상을 긍정적으로 보게 하는 힘을 얻게 합니다.

아이가 본능적으로 **싫어합니다**

화(火): 화내기

부모님이 화를 내는 동안 아이는 이성의 뇌가 마비됩니다.
아이도 같이 화로써 반응합니다.

비(非): 비난 · 비평하기

아이의 장점을 보지 못하고 단점만 보게 되면
아이와 점점 멀어지게 됩니다.

불(不): 불평 · 불만하기

아이의 부족함을 수용하지 못하고 공격하면
아이는 분노합니다.

목차

PART 01 인식의 단계 ··· 17

성공에 대한 믿음이 성공을 만든다 | 실패는 성공으로 가는 디딤돌이다 | 말의 씨를 뿌리면 운명의 열매가 열린다 | 우리의 믿음이 결과를 만든다 | 뇌는 착각의 챔피언이다 | 부모의 역할은 서포트이다 | 아이는 부모님을 그대로 닮는다 | 원하는 목표에 초점을 맞추어라 | 긍정의 생각이 긍정의 행동을 만든다 | 꿈의 크기만큼 성취가 이루어진다 | 지혜로운 사람은 스스로를 변화시킨다 | 좋은 결과를 원한다면 좋은 입력을 하라 | 성공은 선택한 전략의 결과일 뿐이다 | 긍정의 생각을 심어주라 | 우리의 생각이 우리를 만든다 | 행복을 나누면 두 배가 된다 | 행복한 삶은 신념으로 실현된다 | 주변 사람의 성장을 축하하라 | 세상 모형을 바꾸어라 | 자신이 진정으로 하고 싶은 일을 하라 | 실수는 두려움을 없애는 약이다 | 못 일어나는 것이 부끄러울 뿐이다 | 준비된 자에게 기회가 온다 | 태산은 티끌도 마다하지 않는다 | 작은 습관이 미래를 만든다 | 마음이 행동을 일으킨다 | 마음의 그릇을 비워야 큰 것을 담는다 | 열정은 사명의 하인이다 | 선택할 수 있다는 것은 바람직하다 | 타인의 마음을 빚진 상태로 만들어라 | 강한 의지가 고난과 시련을 이기게 한다 | 할 수 있다고 생각하면 할 수 있다 | 새로운 정보를 뇌에 입력해야 한다 | 비밀은 입속에 있을 때만 비밀이다 | 정직한 사람이 신뢰받는다 | 실수 없이 위대한 성취는 없다 | 감사하는 마음이 행복을 만든다 | 모든 것은 내 마음의 선택이다 | 세상을 보는 자신의 거울을 깨라 | 부정은 더 큰 부정을 잉태시킨다 | 지나친 타인의식은 족쇄가 된다 | 상상과 창조, 멘탈의 시대이다 | 전체는 부분의 합보다 더 크다 | 비 온 뒤 땅이 더 굳어진다 | 행복을 나누면 두 배가 된다 | 사명과 열정이 성공을 만든다

인식의 단계

성공에 대한 믿음이 성공을 만든다

성공한 사람은 더욱 더 성공하는 경향이 있다.
항상 성공을 생각하기 때문이다. _ 브라이언 트레이시

우리의 반복적인 생각이 믿음을 낳고 우리의 믿음이 우리의 정신과 행동을 통제합니다. 지금 현재 나의 생각이 나의 존재가 되는 것입니다.

성공에 대한 긍정적 생각이 믿음으로 강화될 때 우리는 또 다른 성공을 만드는 강력한 힘을 얻게 됩니다.

우리 아이가 성공에 대한 믿음으로 스스로를 통제할 수 있도록 다양한 성취 경험을 제공하고 부모님의 아낌없는 격려를 보내주세요.

❀ 멘탈코칭 TIP

1 쉬운 과제부터 성취할 수 있게 해 주세요.
2 성취 경험을 누적시켜 주세요.
3 부모님의 따뜻한 격려를 보내 주세요.

❀ 부모 코칭 TIP

____

____

실패는 성공으로 가는 디딤돌이다

성공으로 향하는 길목에는 반드시 실패가 있다. _ 미키 루니

우리 아이들은 인생여정에서 많은 장애와 위험을 마주하기도 하고 시련과 실패를 경험하기도 합니다. 하지만 언제까지나 부모님이 아이의 방패막이가 되어줄 수는 없습니다.

스스로 견디고 이겨내야 합니다. 아이가 실패를 견디어내는 능력은 실패를 대하는 부모님의 태도와 습관에 의해 형성됩니다.

우리 아이가 실패했을 때 부모님이 보여주시는 긍정적 피드백만이 아이가 실패를 성공으로 가는 디딤돌로 받아들여 한 단계 더 성장하는 영양이 될 것입니다. 실패를 극복하며 성장해 가는 디딤돌의 시작은 부모님의 깊은 공감과 따뜻한 격려입니다.

🌸 멘탈코칭 TIP

1 실패하면서 배운다는 교훈을 말해 주세요.

2 실패하면 즉시 격려해 주세요.

3 언제나 부모님이 응원하고 믿고 있음을 전해 주세요.

🌸 부모 코칭 TIP

말의 씨를 뿌리면 운명의 열매가 열린다

행동의 씨앗을 뿌리면 습관의 열매가 열리고
습관의 씨앗을 뿌리면 성격의 열매가 열리고
성격의 씨앗을 뿌리면 운명의 열매가 열린다. _ 나폴레옹

우리 아이의 행동을 보면 마음을 알 수 있습니다.

그 마음은 생각에서 묻어나는 것입니다.

그 생각은 언어와 말에 의해 힘을 받습니다.

아이의 뇌에 말이라는 씨를 뿌리면 잠재의식에서 무럭무럭 자라

말씨와 관련된 현실을 반드시 창조하는 기적을 만듭니다.

아이의 삶과 운명은 부모님이 뿌려 주시는 긍정의 말씨에서 결정됩니다.

하루 한 번 이상 아이의 잠재의식에 긍정의 말씨를 뿌려 주어야 합니다.

🌸 **멘탈코칭 TIP**

1 "아주 잘했다. 정말 멋지구나."

2 "네 생각은 어때? 어떻게 하면 더 좋게 할 수 있을까?"

3 "아빠와 엄마는 항상 네 편이란다. 사랑해."

🌸 **부모 코칭 TIP**

우리의 믿음이 결과를 만든다

나는 날마다 모든 면에서 점점 더 좋아지고 있다. _ 에밀 쿠에

"우리의 믿음이 우리를 통제합니다."

우리의 믿음은 그것이 긍정이든 부정이든 반드시 결과를 만듭니다.

아이가 "잘할 수 있다.", "잘될 것이다."라는 믿음을 갖게 되면 오늘 하루를 더 활기차게 시작하는 자양분이 될 것입니다.

아이의 뇌에는 많은 경험과 학습의 결과물인 기억들이 신경회로를 만들고 있습니다. 그 신경회로에 잠재된 긍정의 자원을 사용할 수 있는 긍정의 믿음과 '멘탈 언어'를 사용해야 합니다.

그러면 우리 아이의 삶이 긍정적으로 변화할 것입니다.

🌸 멘탈코칭 TIP

1 아침에 잠에서 깬 후, 잠들기 직전 스스로 20번씩 반복하도록 코칭해 주세요.

"나는 날마다 모든 면에서 점점 더 좋아지고 있다."

2 생활 속에서 긍정의 멘탈 언어를 사용해 주세요.

"괜찮아. 잘했어. 널 믿어. 많이 좋아졌네. 네 생각은 어때? 멋진데!"

3 긍정의 말을 많이 들려주세요.

"넌 할 수 있어.", "네 능력을 믿어."

🌸 부모 코칭 TIP

뇌는 착각의 챔피언이다

자신감 있는 표정을 지으면 자신감이 생긴다. _ 다윈

우리 아이가 거친 세상을 당당하게 살아갈 수 있게 해주는 힘은 '자신감'입니다. 어떻게 하면 자신감 넘치는 사람으로 성장할 수 있을까요?

답은 아이의 뇌에 있습니다.

사람의 뇌를 '착각의 챔피언'이라고 부릅니다. 아이는 어릴 때부터 학습하고 경험한 기억의 신경회로로 세상을 바라보고 반응합니다.

뇌는 참과 거짓, 가상과 현실, 옳고 그름조차도 구분할 수 있는 기능이 없습니다. 다만 먼저 학습하고 경험한 신경회로에 의해 판단될 뿐입니다. 이왕 하는 착각이라면 아이가 긍정의 착각을 많이 할 수 있도록 부모님의 관심과 격려를 전해주어야 합니다.

아이는 부모님의 관심과 격려 속에 자신감을 충전하게 됩니다.

🌸 **멘탈코칭 TIP**

　1 직접적 성공 체험을 많이 할 수 있게 해 주세요.
　2 간접적 성공 체험을 많이 할 수 있게 해 주세요.
　3 칭찬과 격려를 많이 해 주세요.

🌸 **부모 코칭 TIP**

부모의 역할은 서포트이다

말을 물가에 끌고 갈 수 있어도 억지로 그 물을 먹이지는 못합니다.

이 세상 대부분의 부모님들은 자식을 위해서라면 무엇이든 다 해주고 싶어 합니다. 그것이 부모님의 숭고한 의무라는 착각 속에 너무 많은 것을 주려고만 하고 있습니다.

하지만 능력이 아무리 출중한 부모도 자식의 삶을 대신 살아줄 수 없습니다. 아이가 스스로 결정하고, 행동하고, 성취할 수 있도록 지켜보고 서포트해주는 것이 부모님의 역할입니다.

부모님의 역할은 가르치는 티칭이 아니라 서포트해 주는 코칭입니다.

❀ **멘탈코칭 TIP**

1 티칭이 아닌 코칭을 하는 부모가 되도록 노력하십시오.

2 부모는 코치의 역할을 하면서도 심판의 역할을 함께해야 합니다.

3 부모님이 주고 싶은 것을 주기보다 아이에게 진정 필요한 것을 주는 역할을 하십시오.

❀ **부모 코칭 TIP**

아이는 부모님을 그대로 닮는다

밝은 성격은 어떤 재산보다도 귀하다. _ 앤드류 카네기

"어떻게 하면 행복하게 살 수 있는가?"

행복을 느끼며 행복하다고 생각하면 행복해집니다.

우리는 행복해서 웃는 것이 아니라 웃을 수 있어 행복한 것입니다.

아이를 웃게 해주고 행복을 느끼게 해주는 열쇠는 무엇일까요?

바로 밝고 긍정적인 성격입니다.

밝고 긍정적인 성격은 우리 아이가 험한 세상을 살아가면서 겪게 될 고난에 쉽게 무기력해지지 않게 해주는 삶의 큰 버팀목이 될 것입니다.

힘든 삶의 무게 앞에 아이가 쓰러졌을 때 치료해주기보다 쓰러지지 않고 버티고 이겨낼 수 있는 예방이 필요합니다.

그 예방은 바로 밝고 긍정적인 성격을 형성하는 것입니다.

❁ **멘탈코칭 TIP**

 1 밝고 긍정적인 말을 자주 해 주세요.
 2 밝고 긍정적인 마음을 갖고 아이를 대해 주세요.
 3 밝고 긍정적인 행동과 태도를 보여주세요.

❁ **부모 코칭 TIP**

원하는 목표에 초점을 맞추어라

천재란 하늘이 주는 1%의 영감과
그가 흘리는 99%의 땀으로 이루어진다. _ 에디슨

옛말에 '큰 부자는 하늘이 만들고 작은 부자는 사람이 만든다.'고 했습니다. 아이 뇌는 무한한 성취 자원을 이미 갖고 있습니다. 다만 자원의 보물창고인 뇌를 어떻게 활용하는지 모를 뿐입니다.

우리 아이의 뇌를 긍정의 멘탈 상태로 만들 때만이 하늘이 준 1%의 영감을 자신의 사명으로 만들 수 있습니다. 1%의 사명과 분명한 목표가 있을 때 우리 아이는 99%의 노력을 하게 됩니다.

우리 아이의 성공과 행복을 만들어주는 것은 하늘이 아니라 부모님의 '긍정 코칭'입니다.

🌸 멘탈코칭 TIP

1 안되는 원인을 말하기보다 원하는 것을 말하게 하여 목표를 향해 달려가게 해 주세요.

2 실패를 긍정적으로 피드백하여 실패를 성공으로 가는 디딤돌로 삼을 수 있게 해 주세요.

3 가능성에 초점을 맞추어 아이가 스스로 선택하게 해 주세요.

🌸 부모 코칭 TIP

긍정의 생각이 긍정의 행동을 만든다

당신이 할 수 있다고 생각하면 할 수 있고
당신이 할 수 없다고 생각하면 할 수 없다. _ 헨리 포드

모든 것이 마음에 의해 만들어진다는 뜻의 '일체유심조'를 아십니까?

바로 이 마음을 만드는 것이 생각입니다.

우리 마음을 만드는 이 '생각'은 어떻게 일어날까요?

바로 우리 뇌 세포에 입력되어 있는 다양한 기억들입니다.

이 기억들이 다양한 전기적 신호를 주고받으며 회로를 만들어 생각을 일으킵니다.

우리 아이의 뇌세포가 긍정적 기억들을 많이 가지게 되면 긍정적 생각이 긍정의 행동을 하게 만듭니다. 아이에게 긍정의 말을 많이 들려주세요.

긍정의 말과 생각이 우리 아이의 삶을 만듭니다.

❀ 멘탈코칭 TIP

1 "난 널 믿어. 넌 할 수 있어."라고 긍정의 말을 자주 해 주세요.

2 신체행동을 통한 작은 성공체험을 자주 갖게 해 주세요.

3 성공 신념을 갖게 해주는 언어적, 비언어적 격려를 자주 해 주세요.

❀ 부모 코칭 TIP

꿈의 크기만큼 성취가 이루어진다

큰 꿈을 가져라. 너의 행동을 낮게 하고,
너의 희망을 높게 하라. _ 조지 허버트

우리 아이들은 꿈을 갖고 있습니다.

꿈이 없는 사람은 없습니다.

다만 그 꿈을 언제 갖는가에 따라 아이의 삶이 달라집니다.

그리고 꿈의 크기가 얼마나 큰가에 따라 성취가 달라집니다.

누군가는 꿈의 소중함을 알고 그 꿈을 키우는 준비를 어릴 때부터 시작합니다. 어릴수록 꿈의 한계가 적어 어떤 꿈이든 가질 수 있으며 꿈의 크기 또한 제한이 없기 때문입니다.

❀ **멘탈코칭 TIP**

1 꿈을 크게 가질 수 있도록 가능성에 대한 이야기를 많이 해 주세요.

2 성공에 대한 신념을 갖도록 성취 경험을 많이 가지도록 해 주세요.

3 '어떻게 공식'을 사용하여 꿈을 향해 나가도록 해 주세요.

❀ **부모 코칭 TIP**

지혜로운 사람은 스스로를 변화시킨다

너 자신을 다스려라.
그러면 너는 세계를 다스릴 것이다. _ 중국 속담

어리석은 사람은 다른 사람을 변화시키려고 합니다.

더 어리석은 사람은 세상을 변화시키려고 합니다.

하지만 지혜로운 사람은 자신을 변화시킬 줄 압니다.

쇠붙이가 자성을 가지면 자기 무게의 열두 배를 들어 올리지만 자성을 잃게 되면 작은 깃털도 들어 올릴 수 없습니다. 나 자신의 멘탈을 더 가치 있게 업그레이드했을 때 내가 가진 자성이 더 강해집니다. 강한 자성을 가진 사람만이 다른 사람과 세상을 변화시킬 수 있는 힘을 가집니다.

우리 아이의 멘탈을 강화시켜 다른 사람과 세상을 이끄는 지혜를 갖게 해주세요.

🌸 **멘탈코칭 TIP**

　1 멘탈 트레이닝을 아침, 저녁으로 실천하세요.

　2 하루의 정리와 내일의 계획에 대해 멘탈 트레이닝을 하게 해 주세요.

　3 스스로의 변화를 위한 책 읽기와 운동을 규칙적으로 할 수 있게 해 주세요.

🌸 **부모 코칭 TIP**

좋은 결과를 원한다면 좋은 입력을 하라

먼저 어떤 사람이 되겠다고 다짐하라.
그 다음에 해야 할 바를 실천하라. _ 에픽 테토스

사람의 뇌와 컴퓨터의 유사점이 무엇일까요?

첫째, 입력입니다. 무엇이든 그대로 받아들이는 기능입니다.

둘째, 저장입니다. 입력된 정보는 그대로 저장됩니다.

셋째, 출력입니다. 저장된 정보는 외부로 출력되거나 행동으로 나타납니다.

성공한 사람들의 공통점은 이 세 가지 뇌의 기능을 잘 활용한 사람들이었습니다. 어떤 사람이 되겠다고 어릴 때부터 목표와 계획을 세우고 입력, 저장 그 계획을 실천 출력하는 사람만이 성공할 수 있었습니다.

지금 우리 아이의 뇌에 어떤 입력을 하고 계신가요?

좋은 결과를 원한다면 좋은 입력을 하여야 합니다.

❀ **멘탈코칭 TIP**

1 사명과 관련된 이야기를 많이 나누세요.

2 아이가 좋아하고 잘할 수 있는 분야에서 성공한 사람에 대해 대화하세요.

3 마음이 행동이 되고 행동이 습관이 되어 결과를 만드는 원리에 대해 말해 주세요.

❀ **부모 코칭 TIP**

성공은 선택한 전략의 결과일 뿐이다

자기 신뢰가 성공의 첫 번째 비결이다. _ 에머슨

성공한 사람은 성공전략을 사용하여 성공합니다.

실패한 사람은 실패전략을 사용하여 실패에 성공합니다.

성공과 실패는 우리가 사용하는 전략의 차이에 의한 다른 결과일 뿐입니다.

두 가지 다 자신이 사용한 전략에 성공한 결과일 뿐입니다.

성공전략을 사용하는 사람의 특징은 자신의 생각과 행동을 절대적으로 신뢰합니다.

자신이 잘할 수 있다고 믿게 되면 열정과 노력이 생겨 성공을 만들어 주게 됩니다.

🌸 멘탈코칭 TIP

1 "할 수 있다고 생각하면 할 수 있다."라고 말해 주세요.

2 "너에게는 무한한 가능성이 있다."라고 격려해 주세요.

3 "넌 성공할 수 있는 자원을 네 속에 이미 갖고 있어."라고 신뢰를 보내주세요.

🌸 부모 코칭 TIP

긍정의 생각을 심어주라

'할 수 있다. 잘될 것이다.'라고 결심하라.
그러고 나서 방법을 찾아라. _ 링컨

"된다 된다고 하니까 정말로 되더라."

어느 골프선수가 대회 입상 후 밝힌 소감입니다.

반복적인 생각을 하게 되면 우리 아이의 잠재의식은 그것이 무엇이든 반드시 결과를 만들어냅니다.

의식은 깨어 있을 때만 활동하지만 잠재의식은 24시간 활동하며 의식에서 내린 명령을 그대로 실행해버립니다.

아이에게 긍정의 생각과 말을 많이 들려주세요.

긍정의 암시를 반복하면 아이의 잠재의식이 구체적 방법을 찾아 성취를 이룹니다.

🌸 **멘탈코칭 TIP**

1 '하마와 돼지' 이야기를 들려주세요.

하마와 돼지 → 하마 돼지 → 하면 되지

2 긍정의 자기 멘탈을 함께 해 주세요.

"난 할 수 있어.", "오늘은 왠지 좋은 일이 많이 생길 것 같다."

3 부모님의 절대 신뢰를 아이가 느끼게 해 주세요.

"난 널 믿어.", "넌 할 수 있어."

🌸 **부모 코칭 TIP**

우리의 생각이 우리를 만든다

자신은 할 수 없다고 생각하고 있는 동안은
사실 그것을 하기 싫다고 다짐하고 있는 것이다.
그러므로 그것은 실행되지 않는 것이다. _ 스피노자

독수리 알 하나가 닭 알과 섞여 병아리와 함께 알에서 깨어났습니다.

새끼 독수리는 자신이 병아리인 줄 알고 병아리들과 함께 병아리 흉내를 내며 자랐습니다.

그러던 어느 날 하늘에서 멋지게 날개를 펼치며 나는 독수리를 보며 부러워했습니다.

"나도 저렇게 멋지게 날 수 있으면 얼마나 좋을까?"

하지만 이 새끼 독수리는 다 자란 이후에도 날지 못했습니다.

자신이 닭인 줄 알고 자랐기 때문입니다. 자신은 날 수 없다는 생각이 다 자란 독수리를 날 수 없는 닭으로 만든 것입니다.

우리 아이는 모두가 다 독수리로 태어났습니다.

날 수 있는 독수리로 코칭해주세요.

🌸 멘탈코칭 TIP

1 아이가 병아리가 아닌 독수리라는 사실을 얘기해 주세요.
2 "너의 생각이 너를 만든다."라는 말을 해 주세요.
3 할 수 없다는 생각은 자신을 병들게 하는 독이 될 수 있다고 말해 주세요.

🌸 부모 코칭 TIP

행복을 나누면 두 배가 된다

'행복은 나누면 두 배가 되고 불행은 나누면 절반으로 준다.'고 합니다.

행복과 불행에 대해 마음을 나눌 수 있는 진실한 친구 한 명만 있다면 마음의 부자가 되지 않을까요?

때로는 마음을 나눌 수 있는 진실한 친구 한 명이 세상 모든 어려움을 이겨내게 해주는 든든한 버팀목이 되어 줍니다.

아이가 살아가면서 아주 작은 손해를 보며 큰 행복감을 느낄 수 있게 해주십시오.

그것은 바로 마음이 통하는 친구를 얻기 위해 무언가를 해주는 것입니다. 친구와 나누는 우정은 두 배가 됩니다.

🌸 멘탈코칭 TIP

1 친구에게 작은 호의를 베푸는 것이 친구의 마음을 얻는 것이라는 지혜를 가르쳐 주세요.

2 친구의 말을 잘 들어주고 공감하는 커뮤니케이션 기술을 함께 연습하세요.

3 좋은 친구를 얻고 싶다면 자신이 좋은 사람이 되기 위해 노력해야 한다는 진실을 알도록 코칭해 주세요.

🌸 부모 코칭 TIP

행복한 삶은 신념으로 실현된다

자신의 신념이 아닌 쉽게 변하는 것들로 인생의 기준을 삼는 것은
'실패'라는 불행의 씨앗을 심는 일과 같다. _ 처칠

"내일도 해가 뜬다."

"부모님은 나를 언제나 신뢰한다."

"나는 자신감이 넘친다. 무엇이든 할 수 있다."

이렇듯 신념이란 절대적인 믿음이라고 할 수 있습니다.

아이가 어떤 신념을 갖는가에 따라 아이의 삶이 결정됩니다.

아이가 자라면서 신념의 줄기로부터 능력이라는 가지와 행동이라는 잎이 뻗어 나와 성과라는 열매를 맺게 됩니다.

"난 할 수 없다. 난 능력이 안 돼. 불안해."와 같은 부정적 신념은 불행의 열매를 맺게 해줍니다.

긍정의 신념만이 우리 아이의 행복한 삶을 실현시켜주는 성취도구가 될 것입니다.

🌸 멘탈코칭 TIP

1 부모님의 무한 신뢰가 긍정의 신념을 갖게 해 줍니다.

2 자신의 가치를 믿을 수 있게 다양한 성취체험을 어릴 때부터 시켜주세요.

3 신념의 중요성에 대해 함께 대화하고 사례를 들어 이야기를 들려주세요.

🌸 부모 코칭 TIP

주변 사람의 성장을 축하하라

다른 사람이 성장하지 못하도록 막으면
우리 자신도 성장하지 못한다. _ 메리언 앤더슨

데일 카네기는 "사람이 성공하는 요인에서 자신의 능력은 15%이고 나머지 85%는 인간관계 능력이다."라고 했습니다. 다른 사람과의 커뮤니케이션을 통해 그들의 협력을 얻는 사람이 더 성장합니다.

누구나 성장을 위한 자원을 갖고 있습니다.

다만, 이 자원을 어떻게 사용하는가에 따라 결과가 달라질 뿐입니다.

자신의 자원을 더 개발하고 다른 사람과 협력하고 때로는 경쟁하면서 함께 성장하는 데 사용하는 사람이 성공할 수 있습니다.

더 나아가 다른 사람의 성장을 도우는 사람이 될 때 나중에 더 큰 자신의 성장을 이루게 됩니다.

❋ **멘탈코칭 TIP**

1 아이의 잠재된 자원을 일깨워주는 긍정코칭을 해 주세요.

2 남을 도와주면 그 사람의 마음을 얻는다는 지혜를 가르쳐 주세요.

3 다른 사람의 성공을 축하할 수 있는 수준의 자신으로 성장하는 것이 중요하다는 것을 알도록 해 주세요.

❋ **부모 코칭 TIP**

세상 모형을 바꾸어라

세상에서 가장 어려운 일은 세상을 바꾸는 것이 아니라
자기 자신을 바꾸는 것이다. _ 넬슨 만델라

우리의 존재는 우리의 선택과 의지에 관계없이 부모와 조상의 유전자를 이어받습니다.

여기에 어릴 때부터 환경적 학습과 경험에 의해 의식과 잠재의식에 입력된 수많은 기억의 연결인 신경망이 우리 아이의 존재입니다.

이렇게 아이의 뇌에 이미 형성된 신경망은 특별한 훈련이나 방법이 아니면 바꾸기 어렵습니다. 아이가 갖고 있는 신경망을 긍정적으로 바꾸어 주기만 하면 세상을 바라보는 아이의 눈이 더 밝게 변화할 것입니다.

🌸 **멘탈코칭 TIP**

1 자신의 가치를 높이는 것이 세상을 변화시키는 지름길임을 가르쳐 주세요.

2 자기를 바꾸는 쉬운 방법이 책을 가까이 하는 것임을 알 수 있도록 부모님이 먼저 책 읽는 모습을 보여주세요.

3 규칙적인 운동이 긍정적이고 자신감 넘치는 사람으로 변화시킨다고 말해 주세요.

🌸 **부모 코칭 TIP**

____

____

자신이 진정으로 하고 싶은 일을 하라

우리의 말과 생각이 우리의 행동을 바꿀 수 있습니다.

알렉산더 대왕이 세계 정복을 위해 전쟁터에 나가기 전 점쟁이를 찾아가서 "누가 이 세계를 지배할 것인가?"라고 묻자

점쟁이는 헝클어진 실타래를 보여주며 "이 헝클어진 실타래를 풀 수 있는 사람이 세계를 정복할 것입니다."라고 했습니다.

그때 알렉산더 대왕은 검을 뽑아 단칼에 실타래를 자르고 "내가 세계를 지배하는 방식은 내 스타일대로 한다."라며 전쟁에 나가 승리했습니다.

우리 아이가 자신이 원하는 대로 성취 환경을 만들어가는 남다른 용기를 갖도록 부모님의 격려와 신뢰를 보내주세요.

✿ 멘탈코칭 TIP

1 "네 생각이 환경을 만든다."라고 말해 주세요.

2 공부를 하는 것은 자기가 바라는 환경을 창조할 수 있는 능력을 높이는 것이라고 말해 주세요.

3 성공한 사람들이란 자신이 좋아하는 일을 찾은 '사명'을 가진 사람이라는 사실을 말해 주세요.

✿ 부모 코칭 TIP

실수는 두려움을 없애는 약이다

실수를 저지른 적이 없는 사람은
새로운 것을 시도해 본 적이 없는 것이다. _ 아인슈타인

우리 아이의 학습과 성취에 관한 행동은 어떤 동기를 갖느냐에 따라 달라질 것입니다.

아이가 안전하게 자라는 데는 회피적 동기가 중요합니다.

하지만 실수가 두려워 회피만 한다면 작은 위험과 시련을 피할 수 있겠지만, 살아가면서 더 큰 삶의 장애를 만났을 때 새로운 도전과 용기조차 없는 사람이 될 것입니다.

아이의 성취와 성장을 위해서는 실수를 긍정적으로 피드백해 주어야 합니다. 그리고 더 한결 성숙할 수 있는 지향적 동기를 높여주는 것이 중요합니다.

긍정의 코칭으로 실수를 두려워하지 않은 진정한 용기를 가진 아이로 성장할 수 있게 될 것입니다.

🌸 멘탈코칭 TIP

1 실수가 두려워 회피하는 안전함보다 실수를 통해 배우는 도전의 가치를 알게 해주세요.
2 누구나 실수를 할 수 있으며 실수 자체보다 실수에 대한 태도가 더 중요하다는 것을 가르쳐주세요.
3 실수를 통해 더 큰 성공을 이룬 사람들에 대해 이야기해 주세요.

🌸 부모 코칭 TIP

못 일어나는 것이 부끄러울 뿐이다

결코 넘어지지 않는 것이 아니라 넘어질 때마다 일어서는 것,
거기에 삶의 가장 큰 영광이 존재한다. _ 넬슨 만델라

천재 발명가 에디슨은 수천 번의 실패를 통해 전구를 발명했습니다.

그는 어떻게 수천 번의 실패를 통해 이렇게 훌륭한 업적을 남겼냐는 친구의 질문에 "나는 한 번도 실패한 적이 없다. 다만 수천 번의 안 되는 이유를 알아냈을 뿐이다."라고 했습니다.

우리 아이가 자라면서 넘어지는 것, 실패하는 것은 흠이 되지 않습니다. 다만 넘어져서 일어나지 못하는 것이 부끄러울 뿐입니다.

우리 아이에게 필요한 건 완벽이 아니라 오뚝이처럼 일어서는 불굴의 용기입니다.

❀ **멘탈코칭 TIP**

1 실패라는 말은 포기하는 사람의 변명일 뿐이며, 실패는 성공으로 가는 디딤돌이라는 사실을 가르쳐 주세요.
2 넘어졌을 때 왜 넘어졌는지 꾸지람하기보다 앞으로 넘어지지 않으려면 어떻게 해야 하는지 질문하세요.
3 실수나 실패를 긍정적으로 볼 수 있는 관점을 가질 수 있게 코칭해 주세요.

❀ **부모 코칭 TIP**

준비된 자에게 기회가 온다

스스로 돕지 않는 자에게는
기회도 힘을 빌려주지 않는다. _ 소포클레스

우리는 살아가면서 세 번의 큰 기회가 찾아온다고 합니다.

하지만 그 말은 맞지 않습니다.

기회는 항상 존재할 뿐 스스로 찾아오지 않습니다.

이처럼 기회는 우리 주변을 항상 배회하고 있을 뿐입니다.

다만 그 기회를 볼 수 있고 자기 것으로 만들 수 있는 노력과 준비가 부족할 뿐입니다.

아이가 성장하면서 그 기회를 자신의 것으로 끌어들일 수 있는 상태로 업그레이드하지 못할 때 기회는 저 멀리 도망갑니다.

우리 아이가 기회를 더 이상 놓치지 않도록 스스로의 가치를 높일 수 있는 부모님의 긍정 코칭이 필요합니다.

🌸 멘탈코칭 TIP

1 책을 많이 읽게 하세요.

2 삶의 멘토를 정하고 모델링할 수 있게 도와주세요.

3 긍정의 필터를 가질 수 있도록 성취 경험과 칭찬을 많이 해 주세요.

🌸 부모 코칭 TIP

태산은 티끌도 마다하지 않는다

값진 성과를 얻으려면
한 걸음 한 걸음이 충실해야 한다. _ 단테

"네 시작은 미약하였으나 네 나중은 심히 창대하리라."

"천 리 길도 한 걸음부터."

아이가 일어서서 완전히 걷기까지 3,000번 넘게 쓰러진다고 합니다.

우리 모두는 그 많은 쓰러짐 속에서도 다시 일어서는 도전으로 한 걸음 한 걸음 성공해 왔습니다.

3,000번의 실패가 영원한 쓰러짐의 실패가 아닌 성공을 위한 디딤돌이 되어 꿋꿋이 일어서서 걷게 만들었습니다.

중국 속담에 "태산은 티끌도 마다하지 않는다."라고 했습니다.

우리 아이가 훌륭한 태산으로 자랄 수 있도록 작은 성취 경험을 누적시켜 주세요.

🌸 멘탈코칭 TIP

1 계획한 일을 순서대로 잘하는지 살펴보고 잘했을 때 강화시켜 주세요.
2 작은 성취가 모여 큰 성공을 만든다는 사실을 코칭해 주세요.
3 실수할 때 더 큰 격려와 믿음을 보여주세요.

🌸 부모 코칭 TIP

작은 습관이 미래를 만든다

오늘 하루의 가치는 내일보다 두 배의 가치가 있다.
오늘 할 수 있는 일을 내일로 미루지 말라. _ 프랭클린

지금 할 수 없는 사람은 내일도 할 수 없습니다. 내일은 오늘의 연장일 뿐 사람이 바뀌지 않았다면 내일도 오늘일 뿐입니다.

오늘 해야 할 일을 미루게 되는 행동이 습관이 되고 습관이 누적되면 성격이 되어 우리 아이의 운명을 부정적으로 바꿉니다.

수학에서 100-1은 99라는 답이 나오지만 우리 삶에서 100-1은 0이 될 수도 있습니다.

지금 해야 할 일을 미루지 않은 작은 습관이 우리 아이의 밝은 미래를 약속합니다.

변화된 내일을 원한다면 오늘 할 수 있는 일부터 찾아서 마무리하는 습관을 가져야 합니다.

🌸 **멘탈코칭 TIP**

1 작은 일이라도 '나중에', '내일'이라는 핑계로 미루지 않게 하세요.

2 미루는 습관은 게으름의 곰팡이를 마음에 자라게 합니다.

3 오늘의 행동과 성취에 따뜻한 격려를 보내주세요.

🌸 **부모 코칭 TIP**

마음이 행동을 일으킨다

마음이 현실을 만들어 낸다.
우리는 마음을 바꿈으로써 현실을 바꿀 수 있다. _ 플라톤

'일체유심조'라는 말이 있습니다.

모든 것은 마음에서 만들어 낸다는 뜻과 모든 것은 마음먹기에 따라 달라진다는 뜻이 있는 말입니다.

마음은 우리 뇌의 기억시스템에서 만들어낸 산물입니다. 이 마음이 행동을 일으키고 행동이 습관이 되어 현실을 바꾸게 됩니다.

마음이 일어나면 눈에 보이지 않은 에너지가 자신과 환경을 변화시키게 됩니다.

현실을 바꾸고 싶다면 우리의 마음을 바꾸는 성격과 말을 바꾸면 됩니다.

❀ **멘탈코칭 TIP**

1 마음이 어떻게 생성되고 작동되는지 아이와 함께 공부해 보세요.
2 결단을 하면 현실이 바뀌는 원리에 대해 함께 대화해 보세요.
3 마음은 훈련을 통해 자신이 원하는 상태로 바꿀 수 있다는 것을 가르쳐 주세요.

❀ **부모 코칭 TIP**

마음의 그릇을 비워야 큰 것을 담는다

그릇이 차면 넘치고 사람이 자만하면 이지러진다. _ 명심보감

사람들을 만날 때 자신과 가족의 자랑을 많이 늘어놓는 사람은 다른 사람의 호감을 얻지 못합니다.

인기 있는 사람은 남의 말을 잘 들어주는 사람입니다.

남의 말을 들어 줄 수 있다는 것은 수용성이 좋은 것이고 수용성은 겸손이라는 미덕에서 생기는 것입니다.

상대를 존중하는 마음에서 나의 수용성이 빛이 납니다.

남보다 잘났다고 자만하면 가까이 있는 사람도 멀어집니다.

그릇에 탁한 물이 가득하면 맑은 물을 담을 여력이 없어지듯이 말입니다. 마음의 그릇을 비우고 상대의 마음을 먼저 담아주십시오.

그러면 그 사람의 마음을 온전히 얻을 수 있을 것입니다.

🌸 멘탈코칭 TIP

1 아이의 말에 먼저 귀 기울이고 반응하며 관심을 가지는 모범을 부모님이 먼저 보여주세요.
2 그릇에 색깔 있는 물을 채우고 맑은 물을 부었을 때의 변화를 아이와 함께 관찰하며 마음에 대해 이야기하세요.
3 우리의 마음을 빈 그릇처럼 비우는 멘탈을 함께 해 보세요.

🌸 부모 코칭 TIP

열정은 사명의 하인이다

당신이 잘하는 일이라면
무엇이나 행복에 도움이 된다. _ 버트런드 러셀

스티븐 스필버그는 "나는 아침에 일어나면 오늘 하루에 대한 기대감으로
흥분되고 설레어 아침밥을 먹을 수 없다."라고 했습니다.

그는 자기 삶의 사명을 찾은 사람입니다.

우리는 열심히 노력하면 성공한다고 아이에게 가르칩니다.

어떻게 보면 이 말만큼 허황된 거짓말이 있을 수 없습니다.

그저 열심히 한다고 성공하는 요행은 없습니다.

열심히 하는 것이 중요한 것이 아니라 '열정'이 필요합니다.

자신의 일에 미칠 수 있는 열정만이 성취를 이루게 합니다.

열정은 '사명'에서 나옵니다.

우리 아이의 사명을 찾아주는 것이 먼저입니다.

멘탈코칭 TIP

1 아이가 좋아하는 것이 무엇인지 함께 찾아보세요.

2 아이가 잘하는 것이 무엇인지 함께 찾아보세요.

3 아이가 정말 하고 싶은 것이 무엇인지 함께 찾아보세요.

부모 코칭 TIP

선택할 수 있다는 것은 바람직하다

조금을 알기 위해서 많이 공부해야 한다. _ 몽테스키외

인간의 뇌는 매초에 약 200만 비트의 정보가 유입되지만 그 중에서 134비트만 입력됩니다. 그리고 우리 뇌 속의 약 1천억 개가 넘는 뉴런들은 서로 전기신호를 주고받으며 정보를 교환합니다. 어떤 정보가 많이 입력되면 그와 관련된 신경회로가 많이 활성화됩니다.

우리 뇌는 하나의 문제를 풀기 위해 수많은 정보가 필요하며 그 많은 기억정보 중 문제를 해결하는 데 가장 적합한 기억을 선택합니다.

하나의 문제와 관련된 기억이 많을수록 깨달음과 공부의 깊이가 더 큰 이유입니다.

부모님의 책 읽는 모습을 많이 보고 자란 아이가 책을 가까이하게 되는 이유는 책 읽기와 관련된 신경망이 많이 활성화되어 있기 때문입니다.

✿ 멘탈코칭 TIP

1 뇌 과학에 대해 아이와 함께 관심을 가져 보세요.
2 공부한 것이 뇌에 어떻게 기억되는지 함께 알아보세요.
3 많이 공부해야 선택의 폭이 자유롭다는 것을 깨닫게 해 주세요.

✿ 부모 코칭 TIP

타인의 마음을 빚진 상태로 만들어라

마음은 팔 수도 살 수도 없는 것이지만
줄 수 있는 보물이다. _ 플로베르

사람을 얻고자 한다면 그 사람의 마음을 빚진 상태로 만들면 됩니다.

우리는 누군가에게 신세를 지게 되면 그 고마움을 마음에 간직하고 기회가 될 때 갚고자 하는 마음이 생깁니다.

이것을 '호혜성의 원리'라고 합니다.

그래서 다른 사람의 마음을 얻는 사람이 나중에 더 크게 성공하고 행복해지는 것입니다.

다른 사람의 마음을 얻기 위해서는 내 마음을 먼저 주어야 합니다.

내가 먼저 상대에게 마음을 온전히 줄 때 서로의 마음이 통할 수 있습니다.

마음은 나누어 줄수록 더 채워지고 풍요로워지는 마법의 창고입니다.

🌸 **멘탈코칭 TIP**

1 사람을 만날 때 칭찬과 감사의 말을 하는 부모님의 모습을 보여주세요.

2 칭찬 5단계 훈련을 함께 하세요

(1단계: 소지품/ 2단계: 외모/ 3단계: 가족/ 4단계: 지위, 능력/ 5단계: 인간성)

3 작은 손해를 볼 수 있는 마음의 여유를 보여주세요.

🌸 **부모 코칭 TIP**

강한 의지가 고난과 시련을 이기게 한다

뿌리 깊은 나무는 태풍에도 쓰러지지 않습니다.

기초가 튼튼한 집은 지진에도 끄떡없이 견디어 냅니다.

사람도 '사명'과 '신념'이 있는 사람은 의지가 강해 어떠한 시련과 고난에도 이겨낼 수 있습니다.

강한 의지는 무엇이든 이루어낼 수 있는 우리 삶의 기둥입니다.

반대로 의지가 약한 사람은 작은 걸림돌에도 넘어져서 좌절하고 포기합니다.

기둥이 약한 건물은 작은 충격에도 쉽게 무너져 내릴 수 있습니다.

우리 아이가 뿌리 깊은 나무처럼 강한 의지를 가질 때 아이는 흔들림 없이 행복한 삶을 살아갈 수 있습니다.

❀ 멘탈코칭 TIP

1 아이의 사명에 대해 함께 대화하고 찾아보세요.
2 의지력을 높이기 위해 규칙적인 운동을 시키세요.
3 의지력 향상을 위한 멘탈코칭을 해 주세요.

❀ 부모 코칭 TIP

할 수 있다고 생각하면 할 수 있다

인생에 있어서 가장 큰 기쁨은
"너는 그걸 할 수 없다."라고 세상 사람들이 말하는
그 일을 성취하는 것이다. _ 월트 배조트

인생은 도전 속에 역사를 만들어 가는 것입니다. 대부분의 사람들이 말하는 불가능은 그들의 신념이지 나의 신념은 아닙니다.

할 수 없다고 생각하면 할 수 없습니다.

할 수 있다고 생각하면 할 수 있습니다.

모두가 할 수 없다고 말할 때 누군가는 할 수 있다는 '절대긍정의 신념'으로 새로운 역사를 쓸 수 있습니다.

우리를 할 수 없는 상태로 만드는 것은 마음속에 자신을 결박해 놓은 자기제한 신념일 뿐입니다.

강한 '성공 신념'은 모두 할 수 없다고 포기한 것을 성공시켜 기적을 만들어냅니다.

멘탈코칭 TIP

1 "넌 할 수 있어.", "널 믿어."라는 신뢰를 보내 주세요.

2 성공 신념을 가질 수 있는 성공체험을 많이 시켜주세요.

3 실패에 대한 두려움보다 도전의 가치를 더 높게 가질 수 있게 코칭해 주세요.

부모 코칭 TIP

새로운 정보를 뇌에 입력해야 한다

아이가 공부를 하거나 새로운 경험을 많이 하면 뇌에 그와 관련된 새로운 신경의 조합과 융합을 통해 새로운 세상을 볼 수 있는 시야를 갖게 해 줍니다.

아이의 뇌에 계속해서 새로운 정보를 제공해주면 새로운 연결을 만들거나 바꾸게 됩니다.

이것이 '신경가소성'입니다.

아무것도 하지 않게 되면 뇌의 '신경가소성'을 활용하지 못하는 상태가 되어 새로운 세상을 볼 수 있는 눈을 잃게 만듭니다.

아무런 성과가 없다 하더라도 아이가 새로운 것에 도전하게 하십시오.

그만큼 아이의 뇌가 더 발달하고 건강해질 것입니다.

❀ 멘탈코칭 TIP

1 지적 수준을 높일 수 있는 독서를 하는 부모님의 모습을 먼저 보여주세요.

2 다양한 경험을 많이 할 수 있게 해 주세요.

3 부모님의 긍정적 피드백과 더불어 작은 성취 경험을 많이 쌓게 해 주세요.

❀ 부모 코칭 TIP

비밀은 입속에 있을 때만 비밀이다

만일 당신이 비밀을 바람에게 털어놓았다면
바람이 그것을 나무에게 털어놓는다고 원망해서는 안 된다. _ 칼릴 지브란

"너만 알고 있어야 해. 다른 사람에겐 절대 비밀이야!"

우리는 이런 비슷한 말을 하며 다른 사람에게 비밀을 이야기합니다.

비밀은 내 입속에 있을 때 비밀이 되지만 입 밖으로 나가는 순간 소문이 됩니다.

한번 뱉은 이야기는 엎질러진 물처럼 다시 주워 담을 수 없기 때문입니다.

내 자신의 입도 통제하기가 어려운데 남의 입은 나의 통제를 전혀 받지 않습니다.

소문은 다른 사람의 귀와 입을 통해 퍼져나갑니다.

비밀은 내뱉은 순간 비밀로서의 가치는 사라지게 됩니다.

🌸 멘탈코칭 TIP

1 비밀을 이야기하고 싶다면 그것이 더 이상 비밀일 필요가 없을 때 해야 된다고 말해주세요.
2 소중한 사람의 비밀은 꼭 지켜야 하는 이유를 설명해 주세요.
3 누구나 한두 가지의 비밀은 있다는 사실을 이야기해 주세요.
  그것에 '보물창고'라고 이름 붙여 주세요.

🌸 부모 코칭 TIP

정직한 사람이 신뢰받는다

정직은 최상의 정책이다. _ 서양 속담

한 번 잃어버린 신뢰는 10년 안에 회복하기 힘들어집니다.

사람과의 관계에서 제일 중요한 것이 바로 신뢰입니다.

신뢰는 정직한 말과 행동에서 만들어집니다.

자신이 한 말과 행동에 책임지는 아이는 다른 사람의 신뢰를 얻게 됩니다.

성공한 사람들은 자신의 머리가 똑똑한 것이 아니라 자신보다 더 지혜로운 사람의 능력을 활용하는 리더십을 가진 사람입니다.

바로 정직한 리더에게는 신뢰를 바탕으로 많은 사람이 따르게 됩니다.

❀ **멘탈코칭 TIP**

1 강압적인 코칭은 아이가 거짓말을 하게 만듭니다.

2 정직한 사람이 신뢰받는다는 사실을 알 수 있게 부모님이 행동으로 보여 주세요.

3 아이와 함께 주변에 정직한 사람의 사례를 찾아보세요.

❀ **부모 코칭 TIP**

실수 없이 위대한 성취는 없다

당신이 저지를 수 있는 가장 큰 실수는
실수를 할까 두려워하는 것이다. _ 엘버트 하버드

실수를 하고 싶어 하는 아이는 없습니다.

실수는 아이에게 아픔과 좌절을 느끼게 합니다.

반복된 실수가 누적되면 학습된 무기력 증상이 일반화되어 세상을 부정으로 보는 필터를 갖게 될 수도 있습니다.

실패의 두려움이 합쳐져서 우리 아이가 도전을 포기하게 되기도 합니다.

하지만 아이가 실수를 통해 더 많은 값진 교훈을 얻을 수 있다는 것을 깨닫게 해주어야 합니다.

아이가 실수를 두려워하지 않고 도전하게 만드는 것은 실수에 대한 부모님의 긍정적 피드백입니다.

❀ 멘탈코칭 TIP

1 실수 없이 위대한 성취를 이룬 사람은 없다는 사실을 이야기해 주세요.
2 실수에 대해 부모님이 보여주는 반응과 피드백이 긍정적이라면 아이는 실수를 두려워하지 않습니다.
3 실수를 실수로 만들지 말고 성공으로 가는 디딤돌로 인식할 수 있도록 긍정의 피드백을 해 주세요.

❀ 부모 코칭 TIP

감사하는 마음이 행복을 만든다

행복의 가장 큰 장애는
과대한 행복을 기대하는 것이다. _ 퐁트넬

배고픈 사람은 한 조각의 작은 빵 덩어리만으로도 감사하며 만족해합니다.

집이 없는 사람은 비바람을 막아줄 허름한 천막에도 고마워합니다.

한글을 못 배운 사람은 글을 깨우칠 때마다 큰 행복을 느낍니다.

행복은 이렇게 작은 것에서도 감사하는 마음이 있을 때 우리 마음속에서 생겨나는 것입니다.

우리는 누구나 행복할 수 있으며 그 행복은 스스로 만드는 것입니다.

현실에서 이루지 못할 너무 큰 기대가 오히려 행복이 찾아오는 것을 막아 버릴 수도 있음을 마음에 새겨야 합니다.

❀ 멘탈코칭 TIP

1 매사에 작은 것에도 감사하는 습관이 중요함을 가르치고 부모님이 그러한 태도와 행동을 보여 주세요.

2 큰 집, 큰 차, 많은 돈보다 작은 성취와 건강, 가족, 사랑의 가치가 우선이라는 것을 부모님을 보며 배울 수 있게 해 주세요.

3 풍선을 과하게 불면 터지듯이 과한 욕심은 행복을 날려 보내는 어리석음이 될 수 있음을 가르쳐 주세요.

❀ 부모 코칭 TIP

모든 것은 내 마음의 선택이다

다른 사람들을 비난하려고 생각하기 전에
자기 자신을 충분히 살펴보아야 한다. _몰리에르

"남의 흉이 하나면 나의 흉은 열이다."라는 말이 있습니다.

남의 흉이 잘 보이는 것은 일종의 방어기제이기도 하고 자신의 잘못 형성된 성격 탓이기도 합니다.

아이가 본능적으로 싫어하는 것이 다른 사람으로부터의 화난 반응, 비난, 불평입니다.

이런 것들은 뇌에서 고통으로 받아들여 그것에 대한 아이의 방어기제가 작동되어 부모와의 관계가 악화되는 원인이 됩니다.

아이와 적이 되고 싶다면 아이를 먼저 비난하세요.

아이와 친구가 되고 싶다면 아이를 먼저 칭찬하세요.

이 모든 것은 부모님의 마음이 선택할 수 있습니다.

❀ 멘탈코칭 TIP

1 먼저 미소 짓고 인사하고 공감해주며 격려해주도록 코칭해 주세요. (미인공격)

2 절대로 화, 비난, 불만을 말하지 않도록 코칭해 주세요. (화비불)

3 남을 탓하기보다 자신의 마음과 행동을 먼저 뒤돌아보는 지혜의 중요성을 평소에 많이 들려주세요.

❀ 부모 코칭 TIP

세상을 보는 자신의 거울을 깨라

바보 같은 사람을 보고 싶지 않다고 한다면
먼저 거울을 깨뜨릴 필요가 있다. _ 프랑소와 라블레

우리는 눈을 통해 세상을 보는 것이 아니라 마음으로 보게 됩니다.

좀 더 정확히 말하면 눈은 사물을 비추어 주는 역할을 할 뿐 실제로 보는 것은 뇌에서 보게 됩니다.

뇌는 시신경을 통해 들어온 새로운 정보를 받아들일 때 뇌 속에 이미 저장된 비슷한 정보의 연합된 기억들을 모두 불러내어 비교하여 처리합니다.

이미 뇌에 세팅되어 있는 기억에 의해 다른 사람을 보고 판단하게 되는 것입니다.

눈앞에 있는 사람을 있는 그대로 보는 것이 아니라 자신의 선입관으로 보고 있는 것입니다.

자신의 마음속에 만들어져 있는 선입관이라는 거울을 깰 수 있을 때 새로운 세상을 볼 수 있게 됩니다.

🌸 멘탈코칭 TIP

1 사람은 모두 다르며 스스로 최선을 다하고 있음을 깨닫게 해 주세요.
2 우리가 보고 느끼는 것은 각자의 관점에 의해 달라질 수 있음을 설명해 주세요.
3 상대의 단점보다 장점을 보는 습관을 갖도록 아이의 장점을 인정하고 칭찬해 주세요.

🌸 부모 코칭 TIP

부정은 더 큰 부정을 잉태시킨다

사람을 타락시키는 가장 큰 악마는
자신을 부정적으로 생각하는 것이다. _ 괴테

아이의 뇌는 정보를 입력하거나 출력할 때 '생략', '왜곡', '일반화'를 거칩니다.

그 과정에서 본인이 갖고 있는 주관적 필터에 의해 자신의 마음상태에 영향을 받고 잠재의식의 하위양식을 변화시키거나 강화시킵니다.

만약 아이 자신이 갖고 있는 필터가 부정적이라면 세상의 그 어떤 긍정적인 정보도 모두 부정으로 보이게 되는 것입니다.

부정적인 필터는 아이의 상태를 더 부정적으로 오염시키고 한번 오염된 상태는 부정을 온몸으로 퍼뜨립니다.

부정에 휩싸인 마음은 아이의 긍정적 자원조차 자신과 다른 사람을 파멸시키는 부정의 무기로 사용하게 만들어 버립니다.

🌸 멘탈코칭 TIP

1 부모님의 말과 행동에 부정적인 부분이 있다면 아이는 바로 자신의 뇌를 부정의 필터와 같은 상태로 만들어 버립니다.

2 자아존중감을 높이는 긍정의 이야기를 많이 들려주세요.

3 용기를 북돋고, 격려를 많이 보내 주세요.

🌸 부모 코칭 TIP

지나친 타인의식은 족쇄가 된다

우리는 다른 사람이 우리를 좋아하도록 만드는 데
자신이 가진 것의 4분의 3을 소비한다. _ 쇼팬하우어

아리스토텔레스는 "인간은 사회적 동물이다."라고 했습니다.

사회적 관계 속에서 다른 사람과의 우호적 관계를 형성하여 서로 협력하면서 살아가는 것이 중요합니다. 그래서 우리는 남에게 잘 보이기 위해서 얼굴을 꾸미고 옷을 치장하고 수많은 노력을 합니다.

그리고 그러한 행동은 실제로 다른 사람들에게 인정받고 존중받는 데 큰 역할을 합니다.

혼자 사는 세상이 아니기 때문에 좋은 관계 유지를 위해 남을 의식하는 것이 때로는 필요합니다.

하지만 지나친 타인의식은 자신을 제한하는 족쇄가 될 수 있으며 참 자기를 잃어버리는 부정적 자기제한 신념이 될 수도 있습니다.

🌸 **멘탈코칭 TIP**

1 인간관계 기법에 대해 부모님이 직접 대화를 나누고 함께 연습해 보세요.
(관심 기울이기, 라포 형성, 맞추어주기, 이끌기 등)
2 '타인의식'과 '자아상실'에 대한 차이를 설명해 주세요.
3 '자기효능감'을 높이는 멘탈코칭을 많이 해 주세요.
(직접 성공체험, 간접 성공체험, 격려와 칭찬)

🌸 **부모 코칭 TIP**

상상과 창조, 멘탈의 시대이다

상상력이 지식보다 더 중요하다. _ 아인슈타인

지금 우리가 살아가는 21세기 새로운 세상을 '지식 정보화 사회'라고 합니다. 많은 사람들이 이 새로운 세상에 발을 들여놓지도 못한 상황에서 벌써 또 다른 세상이 우리 앞에 다가왔습니다.

바로 '상상과 창조, 멘탈의 시대'입니다.

지식의 양이 우리 삶의 질을 결정하던 시대에서 이제는 상상과 창조, 멘탈이 우리의 미래를 결정하는 새로운 트렌드가 되어가고 있습니다.

아이의 뇌 속에 있는 천억 개가 넘는 뉴런에 저장된 수많은 기억이 상호 전기 신호를 주고받으며 융합되고 창조되면서 생기는 것이 바로 상상력입니다.

반복적으로 상상을 강하게 하면 아이의 뇌는 상상을 현실로 착각하여 그것을 실현시켜버립니다. 그것을 사람들은 '기적'이라고 합니다.

❀ 멘탈코칭 TIP

1 멘탈 훈련을 통해 상상력을 키워주세요.
2 인류의 발전은 상상력의 힘이라는 사실을 이야기해 주세요.
3 아이가 갖고 있는 상상력에 불을 지피는 질문을 자주 해 주세요.

❀ 부모 코칭 TIP

전체는 부분의 합보다 더 크다

우리는 함께 갈 때 훨씬 빨리 갈 수 있다. _ 마르틴 루터 킹

"전체는 부분의 합보다 더 크다."

바로 시너지 효과를 말하는 것입니다.

각자가 가진 능력의 단순함보다 전체의 힘이 더 큰 이유는 구성원의 상호 신뢰와 협력이 있기에 그렇습니다.

학생과 선생님, 부모와 자녀, 함께 뛰는 마라톤 선수, 남편과 아내 등은 모두가 함께할 때 더 큰 성취와 행복을 얻을 수 있습니다.

특히 아이의 성장 과정에서는 부모님이 언제나 함께 해주는 큰 버팀목이 되어주고 있어 시너지 효과를 얻게 됩니다.

부모님의 따뜻한 관심과 더 큰 사랑만이 우리 아이를 더 크게 성장시키는 영양분이 될 것입니다.

🌸 멘탈코칭 TIP

1 시너지 효과에 대해 아이와 함께 이야기를 나누세요.

2 부모님이 항상 곁에 있다는 라포를 형성시켜 주세요.

3 마라톤이 시너지 효과를 내는 이유에 대해 함께 대화해 보세요.

🌸 부모 코칭 TIP

비 온 뒤 땅이 더 굳어진다

이것 또한 지나가리라. _ 솔로몬

우리의 삶에 언제나 기쁨이 충만하고 행복이 넘치는 시기만 있는 것은 아닙니다.

살다 보면 견디기 힘들 만큼 큰 시련과 좌절을 겪기도 합니다.

그 힘든 상황을 견디어 내고 극복할 수 있는 것은 그것에 대한 우리의 긍정적 태도와 희망의 마음가짐입니다.

역사적으로 큰 업적을 남긴 위대한 사람들의 공통점은 그들이 일반 사람보다 더 큰 시련과 좌절을 겪었다는 사실입니다.

그 좌절과 시련 속에서 그들이 다시 일어설 수 있었던 것은 바로 '희망'과 '사명감'이었습니다.

지금 상황이 아무리 힘들더라도 이 상황은 금방 지나갑니다.

비 온 뒤 땅이 더 굳어지듯이 보다 더 나은 내일이 우리를 기다립니다.

🌸 **멘탈코칭 TIP**

1 힘든 상황에 놓인 아이의 마음을 먼저 공감해 주세요.

2 충분히 함께하며 라포를 형성하세요.

3 아이와 함께 '희망'과 '사명'에 대한 이야기를 진솔하게 나누어 보세요.

🌸 **부모 코칭 TIP**

행복을 나누면 두 배가 된다

누가 가장 행복한 사람인가?
남의 장점을 존중해 주고
남의 기쁨을 자기의 것인 양 기뻐하는 자이다. _ 괴테

행복은 밖에 있는 것이 아니라 내 마음속에 존재하는 것입니다.

대부분의 불행 또한 외부에 그 원인이 있는 것이 아니라 자신의 내부에서 생기는 것입니다.

남의 행복을 보고 기뻐하면 내 마음속에 존재하는 행복이 춤을 추며 날갯짓합니다.

나의 행복을 함께 나눌 때 내 마음속 행복은 두 배로 더 커집니다.

함께 나눔으로써 행복해지는 마음이 더 많아지게 되는 것입니다.

친구의 단점보다 장점을 먼저 찾는 마음과 친구의 기쁨을 내 기쁨으로 함께하는 아이의 마음이 곧 행복입니다.

🌸 멘탈코칭 TIP

1 행복은 우리 마음속에 있다는 것을 아이에게 들려주세요.

2 남의 행복에 진심으로 기뻐하고 축하해주는 부모님의 모습을 많이 볼 수 있게 해 주세요.

3 남의 장점을 칭찬하면 자신이 더 행복해지는 마음의 원리에 대해 함께 대화를 나누세요.

🌸 부모 코칭 TIP

____

____

사명과 열정이 성공을 만든다

자신이 하는 일을 재미없어하는 사람치고
성공하는 사람을 못 봤다. _ 데일 카네기

성공하는 사람은 '1%의 사명'과 그 사명을 실현하기 위한 '99%의 열정'
이 있습니다.

중요한 것은 1%의 사명입니다. 이 사명이 있는 아이만이 사명을 완수
하기 위한 열정의 배터리를 가질 수 있습니다.

간절히 하고 싶은 일을 하며 그 일이 자신이 좋아하는 일이라면 그 사람
은 사명을 가지고 있는 사람입니다.

그 사명이 성공을 이루는 열정을 일으키게 합니다.

대부분의 아이들은 열심히 하고 노력하면 성공한다고 믿습니다.

하지만 소수의 열정을 가진 아이만이 성공의 열매를 거두게 됩니다.

❀ 멘탈코칭 TIP

1 아이가 좋아하고 잘하는 것이 무엇인지 이야기하고 관찰하세요.

2 사명에 대해 쉽게 설명해 주세요. 그리고 사명을 찾아보세요.

3 억지로 열심히 시킨다고 열정이 생기지 않습니다. 사명을 찾을 때 아이는 변화하기 시작
합니다.

❀ 부모 코칭 TIP

PART 02

탐색의 단계

뇌는 상상과 현실을 구분하지 못한다

상상은 창조의 시작이다.
인간은 자신의 욕망을 상상하고, 그 상상을 기대하고,
결국 그 기대한 바를 창조한다. _ 버나드 쇼

아이의 뇌는 상상과 현실을 구분하지 못합니다. 아이의 뇌는 상상만으로도 뇌에 변화를 주어 기억을 재창조하거나 몸의 상태를 바꾸어버리기까지 합니다.

아이의 몸은 상상과 생각, 마음의 직접적인 영향을 받습니다. 반복적인 상상을 통해 뇌에 신경망이 형성되면 마음이 일어나게 됩니다.

자신의 마음속에 있는 것들과 외부의 사건, 현상이 서로 끌어당김의 힘이 작용하여 상상이 현실이 되는 기적을 만들어 냅니다.

상상에 의해 마음속에 있는 잠재의식은 자신을 변화시키고 그 에너지가 서로 다른 사람과 환경을 움직여 현실을 바꾸는 힘을 갖게 해줍니다.

간절히 원하는 것을 반복적으로 상상하게 하십시오.

상상은 곧 현실이 됩니다.

🌸 멘탈코칭 TIP

1 아이의 상상력을 높여 주세요. 상상에 의한 연결이 강화된 뉴런은 신경회로를 만듭니다. 그리고 상상하면 이루어지는 원리를 설명해 주세요.

2 상상만으로 몸이 변화되는 실습을 함께 해보세요. (레몬 상상, 우주여행, 꿈의 완성)

3 아이와 함께 아침, 저녁 멘탈훈련을 실천하세요.

🌸 부모 코칭 TIP

성취 경험을 하위양식에 가득 채워라

자신이 특별한 인재라는 자신감만큼
그 사람에게 유익하고 유일한 것은 없다. _데일 카네기

아이가 인식할 수 있는 부분은 사실 그대로가 아니라 자신의 독특한 주관적 경험, 문화, 언어, 신념, 가치관으로 만들어진 필터에 의하여 인식됩니다.

아이는 누구나 자기의 감각적 인식과 개인적 경험을 바탕으로 하여 구축되는 자기만의 독특한 주관적 실재 속에서 성장하며 자기가 가진 마음의 필터에 기초하여 인식하고 행동하게 됩니다.

아이의 잠재의식에 있는 기억의 연합이나 정서가 바로 현재의 필터를 만듭니다.

아이 뇌의 여과기에 어떠한 기억들이 연합되어 있는가에 따라 자신감의 크기도 달라집니다.

아이의 필터를 성공체험에 의한 자신감 넘치는 상태로 변화시킨다면 삶의 강력한 성취도구가 될 것입니다.

❀ 멘탈코칭 TIP

1 하위양식을 바꾸면 감각양식과 여과기가 바뀌어 마음이 바뀌는 효과를 체험해 보세요.
2 아이의 필터를 바꾸는 여러 훈련방법을 활용하세요.
3 아이의 '제한적 신념'을 '성공 신념'으로 변화시켜주는 체험을 시켜주세요.

❀ 부모 코칭 TIP

말을 바꾸면 심리적 프로그램이 변한다

우리가 사는 환경은 우리가 만들어 가는. 것이다.
내가 바뀔 때 인생도 바뀐다! _ 앤드류 매튜스

삶은 경험의 연속입니다. 그리고 경험은 원인과 결과로서의 역할을 동시에 하며 상호인과 관계적 차원에서 이해할 수 있습니다.

원인으로서의 경험은 새로운 프로그램을 만들고 결과로서의 경험은 옛 프로그램의 산물이면서 동시에 새로운 원인이 됩니다.

아이가 사용하는 언어의 변화는 내적인 심리적 프로그램의 변화와 행동의 변화를 유발시킵니다.

반대로 내적인 프로그램이나 행동의 변화는 아이의 언어적 변화를 유발시킵니다.

내적프로그램이 잠재의식적 자원과 접촉할 수 있다면 아이의 마음과 생리적 조건의 변화 그리고 행동의 변화, 더 나아가 인생의 변화를 유발할 수도 있을 것입니다.

🌸 멘탈코칭 TIP

1 아이가 듣는 말, 하는 말이 뇌에 프로그래밍되는 원리를 설명해 주세요.
2 아이의 말, 마음, 생각, 상상을 긍정의 프로그램으로 가득 채워주세요.
3 잠자기 전, 아침에 깼을 때 긍정의 자기암시 트레이닝을 시켜주세요.
  (오늘은 왠지 좋은 일이 많이 생길 것 같다. 상쾌한 아침이다.)

🌸 부모 코칭 TIP

어떤 씨앗이든 심는 대로 자란다

정신을 집중시켜 일하면 불가능할 것이 없다. _ 주자

미국의 심리학자 윌리엄 제임스는 "당신의 잠재의식 속에는 세계를 움직이는 힘이 있다."라고 했습니다.

잠재의식에 강하게 반복적으로 새겨진 것은 무엇이든 해결할 수 있습니다. 아이가 갖고 있는 믿음이 강하면 그 믿음이 아이를 강하게 통제합니다. 믿음의 크기만큼 아이의 마음에 초점을 맞추어 놀라운 집중의 힘을 발휘하게 되는 것입니다.

성취를 이루기 위해서는 믿음이 명확해야 하고 마음의 갈등이 없어야 합니다. 이 마음이 바로 아이가 세상을 움직일 수 있는 힘이 될 것입니다.

아이의 마음에 성공 신념의 씨앗을 많이 뿌려야 합니다.

그 씨앗은 싹을 틔워 반드시 열매를 맺게 됩니다.

❀ **멘탈코칭 TIP**

1 자신의 중만함이 세상을 변화시키는 힘이 됩니다.

2 아이의 잠재의식에 어떤 씨앗이든 심기만 하면 자라서 반드시 열매를 맺게 한다는 사실을 기억하세요.

3 아이의 뇌에 긍정과 건설적인 생각을 새겨 넣어주세요.

❀ **부모 코칭 TIP**

이미 자원은 충분히 갖고 있다

나는 내 운명의 주인이요,
나는 내 마음의 선장이다. _ 윌리엄 어니스트 헨리

아이의 잠재의식에는 무한한 성취자원이 있습니다.

없다면 새롭게 창조할 수 있습니다.

자신이 갖고 있는 자원, 상대가 갖고 있는 자원, 환경적 자원을 활용하는 능력을 갖게 되면 자신의 삶에 주인이 되는 것입니다.

자원이 없는 아이는 없습니다.

다만 자원이 없는 상태가 있을 뿐입니다.

아이는 변화와 성장을 위한 자원을 이미 모두 갖고 있습니다.

아이가 자신의 자원을 활용하는 능력을 갖출 때 진정한 자기 인생항로의 주인이자 마음의 선장이 되는 것입니다.

아이에게는 이미 필요한 자원이 있거나, 없다면 새로이 창조할 수 있습니다.

🌸 **멘탈코칭 TIP**

1 아이가 이미 갖고 있는 성취 자원을 찾아 강화해 주세요.
2 아이가 새롭게 자원을 창조할 수 있도록 서포트해 주세요.
3 자신의 자원을 활용하는 능력을 아이가 가질 수 있게 서포트해 주세요.

🌸 **부모 코칭 TIP**

이끌기 위해서 먼저 맞추기를 하라

어떤 사람에게 말을 할 때는 그의 눈을 보고,
그가 말을 할 때는 그의 입을 보라. _ 프랭클린

인간관계의 시작은 신뢰 형성입니다. 신뢰가 형성되어야 상대에게 영향력을 행사할 수 있기 때문입니다.

맞추기는 신뢰를 형성하기 위한 수단입니다. 아이가 하는 행동 방식에 자연스럽게 맞추어 나가는 것이 신뢰 형성의 지름길입니다.

신뢰를 바탕으로 부모님이 목표하는 방향으로 아이의 행동을 유도해 나가는 것을 이끌기라고 합니다.

자성을 가진 쇠붙이가 다른 쇠붙이를 끌어당기기 위해서는 자기장권 안으로 가야 합니다.

맞추기는 부모님이 아이와의 공통점을 많이 만드는 기술입니다.

아이와 비슷하거나 공통점이 많을수록 아이는 부모님을 편안하게 느끼고 공감대가 쉽게 형성되어 마음의 문을 열게 됩니다.

❀ 멘탈코칭 TIP

1 아이와 같은 수준에서 반응해줌으로써 친밀감과 편안함을 갖게 해 주세요.
2 언어적, 비언어적인 맞추기를 통해 신뢰관계를 형성하세요.
3 아이가 좋아하는 감각을 파악하여 비슷한 요소에 맞추게 함으로써 신뢰를 형성하세요.

❀ 부모 코칭 TIP

인간의 모든 행동은 목적지향적이다

젊은 영혼을 매료시키는 가장 찬란한 보석은
바로 성공에 대한 열망이다. _ 에머슨

우리가 의식하지 못할지라도 우리의 모든 행동에는 잠재의식 차원의 목적이 있습니다.

목적이 없는 행동은 없습니다. 아이의 행동은 어떤 목적을 지향하고 있으며 그 목적을 이해한다면 아이의 행동에 대한 순수한 의도를 알 수 있습니다.

아이의 뇌에 입력된 프로그램은 언제나 긍정적 목적에 따라 무엇인가를 성취하고자 행동합니다.

아이의 목적을 안다면 어떤 행동이든 이해와 공감이 될 수 있습니다.

🌸 멘탈코칭 TIP

1 아이의 뇌에 '사명'을 입력해 주세요.

2 목적지향적인 아이의 긍정적 의도를 강화해 주세요.

3 아이가 목적 실현을 위해 그 당시에 할 수 있는 가장 최선의 선택을 할 수 있게 코칭해 주세요.

🌸 부모 코칭 TIP

긍정의 씨앗을 많이 뿌려라

거둔 열매가 아닌 뿌린 씨앗으로 하루를 판단하라. _ 로버트 루이스 스티븐슨

아이는 지금까지 이룬 것보다 훨씬 더 많은 것을 이룰 수 있는 무한한 자원을 갖고 있습니다.

아직은 하루하루의 생활 속에서 우리가 뿌린 씨앗 중 일부만 열매를 맺었을 뿐 대부분의 씨앗은 아직도 잠재된 자원으로 뇌에 자리 잡고 있는 것입니다.

지금 눈앞의 작은 성취보다 내일을 위해 뿌린 씨앗의 소중함을 알아야 합니다.

아이는 이미 성공의 씨앗을 품고 있습니다.

생각과 말, 행동이 모두 마음에 뿌린 씨앗이 됩니다.

이 마음에 긍정의 씨앗을 얼마나 많이 뿌리는가에 따라 하루의 가치를 판단할 수 있습니다.

❁ **멘탈코칭 TIP**

1 간절히 염원하면 이루어지는 '피그말리온 효과'에 대해 설명해 주세요.

2 뜻이 있는 곳에 반드시 길이 생기는 잠재의식의 힘을 가르쳐 주세요.

3 우리 뇌의 1,000억 개가 넘는 뉴런에 성공의 씨앗이 자라고 있다는 믿음을 갖게 해 주세요.

❁ **부모 코칭 TIP**

자신의 꿈에 초점을 맞추어라

변화를 원하지 않는 사람은 운명이 있다고 믿고
변화를 원하는 사람은 기회가 있다고 믿는다. _ 벤자민 디즈테일리

우리는 누구나 꿈을 간직하고 있습니다.

그 꿈을 이루고 싶어 하고 꿈을 이루기 위해 노력합니다.

그리고 어떤 사람은 자신의 간절한 꿈을 성취합니다.

하지만 자신이 간절히 원하는 그 꿈을 포기하거나 이루지 못하는 사람이 더 많습니다.

사람들이 간절히 원하는 것을 성취하지 못하는 가장 큰 이유는 자신의 꿈에 초점을 맞추지 않기 때문입니다.

대부분의 사람들이 실패하는 이유는 자신의 분야에서 최고가 되기 위해 초점을 맞추기보다 사소한 일에 관심과 에너지를 뺏기기 때문입니다.

아이가 성공하기를 원한다면 아이의 사명과 신념에 초점을 맞출 수 있게 해주어야 합니다.

🌸 멘탈코칭 TIP

1 아이가 큰 사명을 갖게 해 주세요.
2 성공 신념을 갖게 해주세요. 신념은 가능한 것과 불가능한 것을 구별해주는 확실한 명령입니다.
3 성공한 사람들의 성공전략을 알아내어 모델링할 수 있게 도와주세요.

🌸 부모 코칭 TIP

고통의 대부분은 생각이 만들어낸다

고통을 당하기도 전에 고통을 느끼는 사람은
쓸데없이 고통을 많이 겪는 것이다. _ 세네카

아이가 생활 속에서 느끼는 불안이나 긴장, 고통은 대부분 스스로 견딜 수 있는 것들입니다. 그리고 그 고통은 너무나 짧게 빨리 지나갑니다.

하지만 그 고통을 미리 당겨오고 고통을 당한 이후에도 고통을 부여잡고 놓지 않기 위해 몸부림치며 고통 속으로 빠져들어 갑니다.

일주일 후 시험을 치르는데 벌써 성적을 걱정하며 불안해집니다. 시험이 끝난 후 낮은 점수 때문에 걱정하고 불안합니다. 시험을 치르는 것은 짧은 시간이지만 아이의 마음은 그 고통을 긴 시간 동안 크게 느낍니다.

지나친 걱정은 고통의 크기만 키울 뿐입니다.

아이의 초점을 긍정적인 부분으로 바꾸어야 합니다.

아이가 걱정보다 그것을 극복하기 위한 결단과 행동이 더 필요한 것을 알게 해야 합니다. 결단하고 행동하는 순간 고통은 사라집니다.

❀ 멘탈코칭 TIP

1 미리 하는 걱정보다 행동의 변화를 코칭하십시오.

2 걱정을 변화하기 위한 지렛대로 활용하세요.

3 대부분의 고통은 우리 생각이 만들어 내는 것이며 언제라도 그것을 바꿀 수 있는 능력이 아이에게 있음을 말해 주세요.

❀ 부모 코칭 TIP

실패의 횟수는 곧 경험의 횟수이다

시도했던 것이 모두 잘못되어 폐기되더라도, 그것은 또 하나의 전진이기 때문에
나는 절대 실망하지 않는다. _토머스 에디슨

인생에 실패란 없습니다. 인생에는 단지 결과만 있을 뿐입니다.

에디슨은 수천 번의 실험에서 전구에 불이 들어오지 않는 수천 가지의 방법을 알아냈습니다.

우리가 도전한 과제에서 원하는 성과를 얻지 못했다 하더라도 그 경험에서 배운 소중한 지혜는 내일의 씨앗으로 남게 됩니다.

주변에서 쉽게 듣는 말 중에 "무리하지 마.", "실패하면 어쩌려고?"라는 말이 있습니다.

이것은 과거에 학습하고 경험한 부정적 정보가 우리의 뇌 속에 프로그래밍되어 우리의 현재와 미래까지 통제하고 있기 때문입니다.

실패해도 도전해야 합니다.

도전해서 얻은 어떠한 결과도 새로운 전진이며 성공의 씨앗입니다.

🌸 멘탈코칭 TIP

1 도전해서 실패하는 것이 더 큰 지혜를 얻는다는 사실을 이야기해 주세요.

2 성공에 대한 신념을 강화해 주세요.

3 실패의 횟수만큼 우리에게 가장 소중한 경험의 횟수가 늘어나는 것을 말해 주세요.

🌸 부모 코칭 TIP

선택이 빨라야 추락을 면할 수 있다

결단의 순간들이 우리의 운명을 만든다. _ 앤서니 라빈스

어떤 선택을 한다는 것은 원하는 결과를 성취하기로 약속하고, 다른 것을 선택할 가능성을 잘라버리는 것과 같습니다.

우리는 살아가면서 선택을 해야 할 시기를 놓치는 일이 많습니다.

자신이 원하는 꿈을 성취하지 못하는 자신의 상태와 행동은 늦게 선택하거나 죽을 때까지 선택하지 못하기 때문에 생깁니다.

이 선택의 시기가 늦게 되면 자신이 원하는 삶이 아닌 사회적 환경이 요구하는 대로 자신이 지배당하며 운명을 통제당하게 됩니다.

인생은 흐르는 강물과 같습니다.

배가 상류에 있을 때 좀 더 나은 선택을 내릴 수 있다면 폭포를 만나 추락하는 불행을 막을 수 있습니다.

❀ **멘탈코칭 TIP**

1 아이의 초점을 어디에 맞출 것인지에 대한 선택을 스스로 할 수 있게 도와주세요.

2 그 선택이 자신의 사명과 일치하는지 이야기를 나누세요.

3 선택에 대해 아이가 어떤 행동을 할 것인지 스스로 결정하게 도와주세요.

❀ **부모 코칭 TIP**

조금 더 일찍 결단하는 것이 필요하다

분명한 목표가 있는 인간의 의지를
이겨낼 수 있는 것은 아무것도 없다. _ 벤저민 디스테일러

우리는 언제 변화하는가에 대한 질문의 답은 '결단'할 때라고 합니다.

결단은 결정적인 판단을 하거나 단정을 내리는 것입니다.

우리의 삶은 매 순간이 결단을 필요로 합니다.

삶의 변화는 바로 이 결단에서 시작됩니다.

새롭고 올바른 결단을 내리는 순간, 우리의 잠재의식과 의식은 초점을 맞추어 모든 능력을 다 동원시킵니다.

결단을 내리는 순간 우리의 뇌는 '어떻게 공식'을 활용하여 그것을 해낼 수 있는 방법을 찾게 됩니다.

진실한 결단은 부정적 자기제한 신념에서 벗어나 무한 성취를 가능하게 해주는 에너지가 됩니다.

무한 성취의 능력은 이미 아이가 갖고 있습니다.

결단만 한다면 그 능력이 아이의 꿈을 현실로 바꾸어 줄 것입니다.

🌸 멘탈코칭 TIP

1 아이가 진정으로 원하는 것이 무엇인지 스스로 찾고 결정하게 도와주세요.

2 선택하고 결단하게 하세요. 그리고 행동하게 하세요.

3 원하는 것을 이룰 때까지 전략을 수행할 수 있게 서포트하세요.

🌸 부모 코칭 TIP

선택과 행동이 성공이라는 결과를 만든다

사람은 살기 위해 태어난 것이지
살기 위한 준비를 하려고 태어난 것은 아니다. _ 보리스 파스테르나크

누구나 열심히 노력하지만 성공은 아무나 하지 못합니다.

사람마다 결과가 다르게 나타나는 이유는 그들의 선택이 다르기 때문입니다. 어떤 선택과 행동을 했느냐에 따라 결과가 달라집니다.

어떠한 행동이든 그 행동은 움직임의 원인이 되고 그 결과는 과거의 결과를 토대로 일정한 방향성과 일관성을 갖고 있습니다. 일회적인 한 번의 행동으로 가치 있는 성공이 이루어지는 것은 없습니다.

선택에 의한 행동이 꾸준하게 지속적으로 이루어지는 행동의 결과가 성공이라는 과실로 우리에게 주어지는 것입니다.

성공하는 사람은 성공전략을 선택합니다.

실패하는 사람은 실패전략을 선택합니다.

두 가지 다 선택에 의한 지속적인 행동으로 결과가 나타납니다.

하지만 그 결과는 완전히 다른 것입니다.

❀ 멘탈코칭 TIP

1 아이에게 10년 뒤, 20년 뒤에 어떤 사람으로 살고 싶은지 꿈에 대해 질문을 하세요.

2 꿈을 이루기 위해 지금 당장 무엇을 할 수 있는지 질문하세요.

3 꿈을 이룬 멋진 자신의 모습을 상상하고, 행동하지 않아서 꿈을 못 이룬 자신이 후회하는 모습을 상상하게 하세요.

❀ 부모 코칭 TIP

부정적 자기제한 신념을 깨뜨려야 한다

사람은 자신이 마음속에 생각하는 그대로 존재한다. _ 잠언 23장 7절

성공 신념은 아이의 자원을 활용하고 성취와 행복한 삶을 위한 촉매 역할을 하게 됩니다.

하지만 실패가 누적되고 환경적으로 긍정의 피드백을 지속적으로 제공받지 못할 경우 아이는 학습된 무능력 상태가 됩니다.

실패의 경험이 어떤 일을 해도 잘할 수 없다는 부정적 신념을 갖게 만드는 것입니다.

많은 부정적 신념이 다른 사람에 의해 나의 의지와 관계없이 형성되었다면 과거의 잘못된 신념을 깨뜨려야 합니다.

아이가 해낼 수 있는 것에 초점을 맞추고 작은 성공체험을 반복시켜주세요. 그러면 부정적 신념이 점차 사라지게 됩니다.

🌸 멘탈코칭 TIP

1 아이의 부정적 신념에 구체적 질문으로 의문을 제기하세요.
2 이야기를 통해 자기제한 신념을 깨닫게 해 주세요.
3 아이의 성공 신념에 대해 격려하고 확신을 주세요.

🌸 부모 코칭 TIP

모든 행동의 결과는 신념에서 만들어진다

치유를 위해 약이 항상 필요한 건 아니지만
신념은 반드시 필요하다. _ 노먼 커즌스

신념이란 어떤 것에 대해 가진 확실한 느낌입니다.

우리의 모든 행동과 삶의 결과는 신념의 결과물들입니다.

어릴 때부터 성공체험을 많이 한 사람은 자신의 능력을 점차적으로 일반화시켜 나갑니다.

그래서 성공 신념이 만들어집니다.

일반화가 모든 행동을 결정하며 비슷한 패턴을 모아 우리 삶을 단순화시켜 정상적으로 기능할 수 있게 해줍니다.

잠재의식은 바로 이 신념을 주인으로 모시는 하인입니다.

아이의 모든 신경시스템이 바로 이 신념에 의해 통제되고 조절됩니다.

반복된 긍정적인 말, 생각, 상상과 성공체험이 아이의 잠재의식에 성공 신념을 만들어 줍니다.

❀ 멘탈코칭 TIP

1 아이의 일반화된 신념에는 어떤 것이 있는지 함께 점검해 보세요.
2 긍정의 신념과 부정의 신념에 대해 이야기해 주세요.
3 신념을 바꾸면 어떤 결과가 생길지에 대해 함께 이야기해 보세요.

❀ 부모 코칭 TIP

비유는 잠재의식의 기적을 창조한다

비유는 아마도 사람이 지닌 가장 유용한 잠재능력일 것이다.
그 효험은 마술의 경지에 가깝다.
비유는 신이 인간을 만들 때 깜빡 잊고 거두지 않았던
천지창조의 도구인 것 같다. _ 호세 오르테가 이 마셋

아이가 외부의 새로운 자극이나 정보를 접할 때는 새롭게 인식하는 것이 아니라 기존의 뇌에 저장되어 있는 비슷한 경험을 활용하여 처리하게 됩니다.

비유란 어떤 개념을 이해할 때 기존의 비슷한 사물에 빗대어 설명하는 기술입니다. 비유는 의식적으로 이해하고 분석하는 것이 아니라 뇌의 잠재의식에 바로 접근하여 아이의 감정 상태를 즉시 변화시켜 버리는 힘을 갖고 있습니다.

비유는 의식적 저항 없이 아이가 가장 쉽게 받아들이며 잠재의식 차원의 변화를 강력하게 일으킵니다.

위대한 위인, 스승은 모두가 비유의 달인이었습니다.

🌸 **멘탈코칭 TIP**

1 아이와 함께 빗대어 말하기 게임을 해보세요.
　"나는 종달새처럼 너무나 행복해.", "삶은 게임이다."
2 긍정의 비유, 희망의 비유를 많이 들려주세요.
　"너의 미래는 장밋빛 희망으로 가득 차 있어."
3 부모님이 활력을 주는 비유를 많이 사용하세요.

🌸 **부모 코칭 TIP**

일상의 언어 패턴이 아이를 만든다

말의 힘을 이해하지 못하면 사람을 이해할 수 없다. _ 공자

사람은 오랜 시간을 함께 보내면 비슷하게 닮아갑니다.

부부가 오랫동안 함께 생활하다 보면 외모도 닮아가고 생각과 말도 닮아가는 것을 주위에서 많이 볼 수 있습니다.

아이는 부모를 그대로 닮아갑니다. 아이가 부모의 말을 무의식적으로 따라하게 되면 감정 상태까지 닮아가게 됩니다. 부모님이 습관적으로 사용하는 말의 일부만 바꾸어도 아이의 말이 바뀝니다.

말이 바뀌면 아이의 감정 상태가 바뀝니다.

아이가 성장 과정과 생활환경 속에서 부모로부터 어떠한 말을 듣는가에 따라 경험이 만들어지고 그 경험이 곧 아이의 존재가 됩니다.

❀ **멘탈코칭 TIP**

1 가능하면 부정적인 말은 듣지도 하지도 않게 하세요.

'무력한', '음울한', '비참한', '미운', '죽고 싶은'

2 긍정적인 말을 많이 듣도록 해 주세요.

'명랑한', '활기찬', '열정적인', '성취하는'

3 말에는 감정이 함께한다는 사실을 알게 해 주세요.

❀ **부모 코칭 TIP**

말의 틀이 경험을 만든다

적절한 말 한마디가 바로 강렬한 대리인이다.
안성맞춤의 말이 떠오를 때마다 마치 감전된 듯,
영적으로뿐만 아니라 육체적으로도 엄청난 효과를 얻게 된다. _ 마크 트웨인

한마디의 말로써 아이의 마음을 바꿀 수 있습니다. 입 밖으로 나간 말은 어떠한 말이든 힘을 갖고 있어 사람의 마음을 바꾸는 변화의 시작이 됩니다.

말은 아이의 감정을 이끌어 내며 행동을 유발하기도 합니다.

이 말의 힘을 어떻게 긍정적으로 활용하는가에 따라 아이의 삶에 활력을 불어넣게 됩니다. 활력을 주는 말은 아이의 삶에 감동과 도전, 성취의 긍정적 의미로 작용됩니다.

부모가 자신도 모르게 습관적으로 사용하는 말이 아이 자신의 신념이 되어 아이의 운명을 만들게 되는 것입니다.

❁ 멘탈코칭 TIP

1 아이가 경험한 일에 긍정과 관련된 말의 틀을 씌워주세요. 경험에 붙인 말이 기억속의 경험으로 저장된다는 사실을 가르쳐 주세요.

2 경험을 말로 이름 붙이면 아이의 감정 상태가 변화합니다.
"너무 아름다워.", "아주 행복해."

3 습관적으로 사용하는 말을 바꾸면 경험이 바뀝니다. 우리의 존재는 기억과 경험이라고 가르쳐 주세요.

❁ 부모 코칭 TIP

질문이 운명을 바꾼다

질문하는 사람은 답을 피할 수 있다. _ 카메룬 속담

모든 문제에는 반드시 답이 있습니다. 문제를 문제로만 보고 문제에 갇혀버린다면 우리는 우리가 원하는 답을 구할 수가 없습니다.

문제의 답은 질문을 던질 때 구해집니다.

바로 '어떻게 공식'의 질문입니다.

아름다운 질문을 하는 사람은 아름다운 대답을 얻는다고 했습니다.

누구든지 자신이 원하는 해답을 얻고자 한다면 끈질기게 질문을 던져야 합니다.

문제는 그 자체가 문제가 되는 것이 아니라 그 문제를 자신이 어떻게 해석하고 평가하는가에 따라 생기는 것입니다.

우리 아이가 삶의 모든 답을 얻을 수 있는 질문법은 '어떻게 공식'입니다.

💮 **멘탈코칭 TIP**

1 훌륭한 질문이 훌륭한 삶을 만든다는 진리를 말해 주세요.

"어떻게 하면 좀 더 잘할 수 있을까?", "문제를 어떻게 쉽게 해결할까?"

2 문제에 답이 있다는 사실을 알게 해 주세요.

"어떻게 생각할 것인가?", "성공한 사람들은 이 문제를 어떻게 해결했나?"

3 성공한 사람은 더 나은 질문을 하고 더 나은 답을 얻는다는 이야기를 해 주세요.

💮 **부모 코칭 TIP**

감정상태가 능력이다

아이가 태어난 후 학습과 경험뿐 아니라 유전적 요인까지 합쳐져서 아이의 현재 상태를 만듭니다. 이 상태는 잠재의식의 다양한 기억과 감정의 연합으로 되어 있습니다.

우리가 흔히 느끼는 감정상태라는 것은 우리 뇌에서 생겨나는 수많은 신경작용의 합입니다. 즉, 아이의 감정상태란 아이가 겪는 경험의 합이라고 정의할 수 있습니다.

친구관계나 성취과정에서의 어떤 문제는 아이가 경험하고 있는 현재 상태가 만들어낸 결과입니다. 이 상태를 바꾸기만 한다면 모든 것이 긍정적으로 변화할 수 있습니다.

🌸 **멘탈코칭 TIP**

1 적극적, 긍정적 행동을 많이 하도록 코칭하세요. 감정상태는 행동에 의해 결정됩니다.

2 신체가 감정 상태를 이끌게 됩니다. 웃음과 운동, 미소 짓기 등을 훈련시키세요.

3 아이가 가고 싶은 방향에 초점을 맞추세요. 생각이 가는 곳에 감정상태가 형성됩니다.

🌸 **부모 코칭 TIP**

기대감이 행동을 이끌어낸다

선과 악, 그리고 상과 벌은 이성적인 피조물을 움직이는 유일한 동기이다.
이것은 모든 인류가 일을 하도록 다그치며 이끄는 박차와 고삐이다. _ 존 로크

아이의 행동형성 코칭 기법에 '간헐적 보상 계획'이라는 것이 있습니다. 돌고래 훈련과정에서 돌고래가 점프할 때마다 항상 보상받는 환경에서는 최선을 다하지 않는다는 것을 발견했습니다. 자신의 노력에 대한 보상이 불확실하고, 받고 싶은 기대감이 함께 어우러질 때 돌고래는 젖먹던 힘까지 다 발휘하게 됩니다. 복권과 도박에 중독된 사람들은 이 간헐적 보상계획의 좋은 사례입니다. 반드시 될 것이라는 강한 기대와 가능성이 어우러져 점점 중독되어 가는 것입니다.

이 간헐적 보상을 아이 코칭에 긍정적으로 적용할 수 있습니다.

아이의 성공 신념과 기대감이 아이의 행동을 이끌어냅니다. 그리고 보상이 아이의 행동을 강화시켜줍니다. 이 보상이 간헐적으로 제공될 때 효과가 더 높게 나타나는 코칭방법이 간헐적 보상입니다.

🌸 **멘탈코칭 TIP**

1 아이가 무엇을 원하는지 판단하세요.

2 아이가 싫어하는 것, 고통스러워하는 것을 지렛대로 활용하세요.

3 보상 강화를 해주세요. 처음에는 고정적 보상을 해주고 점차 간헐적 보상으로 전환해 주세요.

🌸 **부모 코칭 TIP**

아이의 뇌는 쾌락을 추구한다

"훈련해서 안 되는 것은 없다. 훈련보다 더 나은 것은 없다.
그것은 품행이 나쁜 자를 선하게 하고, 그릇된 원칙을 없애고 좋은 것으로
재창조할 수 있으며 인간을 천사처럼 고양시킬 수 있다." _ 마크 트레인

아이의 뇌는 본능적으로 고통을 회피하고 쾌락을 추구합니다.

아이는 성장 과정에서 인간의 본능인 고통과 쾌락에 의해 조건 형성이 되어갑니다.

행동 후 즉시 주어지는 보상 강화는 아이의 뇌에서 쾌락으로 받아들이게 됩니다.

지속적으로 강화된 모든 감정 패턴과 행동 패턴은 자동으로 조건 반응하게 되며 강화되지 않은 것은 모두 사라집니다.

칭찬과 격려를 통한 긍정적 보상 강화가 아이의 잠재된 자원을 이끌어 내는 데 더 긍정적 결과를 만들어 냅니다.

아이의 성장과 발전을 가능하게 해주는 것은 긍정적 강화에 의한 반복된 훈련입니다.

🌸 멘탈코칭 TIP

1 아이의 행동과 즐거움의 감정을 연합시켜 계속 실천하는 상상을 시키세요.
2 변화를 위한 긍정의 행동을 강화시켜 주세요.
3 바른 행동에 즉시 보상 강화를 해주세요.

🌸 부모 코칭 TIP

두뇌사용법을 터득하라

훌륭한 정신을 갖는 것만으로는 충분하지 않다.
중요한 것은 그것을 잘 사용하는 것이다. _ 르네 데카르트

우리 아이의 뇌는 무한 성취의 놀라운 능력을 갖고 있습니다. 아이가 무엇이든 이룰 수 있는 자신의 무한 성취 능력을 알게 해야 합니다.

두뇌를 사용할 수 있는 방법을 터득한다면 원하는 모든 것을 성취할 수 있습니다.

뇌는 즉시 실행할 준비를 갖춘 슈퍼컴퓨터처럼 무엇이든 입력만 하면 즉시 그 명령을 실행할 수 있는 상태로 존재하기 때문입니다.

"누군가 할 수 있다면 나도 할 수 있다."라고 했습니다.

성공한 사람에게는 성공의 핵심기술이 있습니다.

그 핵심기술이 바로 두뇌사용법입니다.

우리는 단지 두뇌사용법을 몰라서 성과를 얻지 못할 뿐입니다.

❀ **멘탈코칭 TIP**

1 두뇌사용법에 대해 아이와 함께 이야기를 많이 나누세요.
2 행동에 감정이 관련되면 아이의 뇌에 굵은 신경회로가 만들어집니다. 행복, 성취와 관련된 행동과 감정을 연합시켜 주세요.
3 아이에게 "너는 무한 성취의 능력을 갖고 있어."라고 말해 주세요.

❀ **부모 코칭 TIP**

변화를 원한다면 패턴을 바꾸어라

처음에는 우리가 습관을 만들지만
그 다음에는 습관이 우리를 만든다. _ 존 드라이든

고속도로에서 수동차량을 운전할 때 빨리 달리기 위해서는 기어 변속이 필요합니다. 저속기어를 넣고 아무리 엑셀을 밟아도 차는 과열만 되고 차의 속도는 변화가 없습니다.

새로운 변화를 원한다면 새로운 선택과 패턴이 필요합니다. 기존의 패턴으로 성과를 얻지 못했다면 새로운 차원의 사고 패턴이 필요한 것입니다.

긍정적인 새로운 감정 상태를 만들었을 때 해결의 답이 보입니다.

부정적 감정 상태는 좌절감과 두려움만 갖게 합니다.

어떤 문제를 해결할 때 문제에 할애하는 시간은 10%만 사용해야 합니다. 나머지 90%는 해결책을 찾을 수 있는 절대긍정의 답을 주는 '어떻게 공식'을 사용하도록 해야 합니다.

🌸 **멘탈코칭 TIP**

1 아이가 원하는 것을 스스로 결정하게 하세요.
2 새롭고 긍정적인 선택과 패턴을 함께 해 주세요.
3 긍정의 '어떻게 공식'을 습관화할 수 있게 코칭해 주세요.

🌸 **부모 코칭 TIP**

목표를 정하면 그대로 실행된다

우리가 지금 하는 일과 우리의 위치는
먼저 그것을 상상했기 때문에 이루어진 것이다. _ 도널드 커티스

대부분의 사람들은 눈앞에 펼쳐져 있는 현실에 얽매여 사고하고 행동합니다. 그 현실은 나의 의지와 선택과는 상관없이 누군가가 만들어 놓은 구속과 제한일 수도 있습니다.

아이는 자신의 상상과 아이디어를 성장 과정에서 현실로 창조해낼 수 있는 자원을 갖고 있음에도 지금껏 그러한 능력을 발휘하지 못하고 있습니다.

상상하면 창조되고 현실이 된다는 성공 신념이 약하기 때문에 아이는 두려워하고 도전하지 못하게 됩니다.

자기제한 신념에서 벗어나 아이가 원하는 목표를 정하면 그 목표를 그대로 실행하는 성취의 뇌를 자신이 갖고 있음을 깨닫게 해야 합니다.

🌸 **멘탈코칭 TIP**

1 아이에게 1년 만에 이루고 싶은 목표 3가지를 찾아 비전노트에 쓰게 하세요.

2 아이가 왜 그렇게 해야 하는지 이해시키세요.

3 목표를 점검하고 성공한 역할 모델을 찾게 해 주세요.

🌸 **부모 코칭 TIP**

반복된 생각의 초점이 현실이 된다

좋은 아이디어를 얻는 최선의 방법은
많이 생각하는 것이다. _ 라이너스 폴링

우리 뇌는 새로운 정보가 들어오면 신경회로를 바꾸거나 새롭게 형성시킵니다. 뇌가 갖고 있는 신경가소성이 우리를 창의적이고 유연한 사고를 할 수 있게 해줍니다.

생각은 뇌세포의 수많은 상호 정보 교환에 의해 만들어지는데 특정한 생각을 많이 하게 되면 그와 관련된 뇌가 활성화되고 다양한 신경망이 작동되어 새로운 아이디어가 만들어지게 되는 것입니다.

생각이 현실이 되는 원리는 반복된 생각이 신경회로를 만들고 신경망을 형성하여 발화되는 것입니다.

생각은 에너지를 갖고 있습니다.

현실을 만드는 에너지는 생각에서 시작됩니다.

❋ **멘탈코칭 TIP**

1 아이가 자신이 원하는 것에 생각의 초점을 맞추도록 하세요.

2 반복적인 긍정의 생각으로 아이 뇌에 신경회로를 강화시켜 주세요.

3 생각만으로 변화시킬 수 있는 것이 어떤 것인지 아이와 대화해 보세요.

❋ **부모 코칭 TIP**

규칙적인 운동은 뇌에 저장된다

시간이 해결해 준다는 말이 있긴 하지만
실제로 일을 변화시켜야 하는 것은 바로 당신이다. _ 앤디 워홀

학습은 서서히 반복해서 이루어지기도 하지만 단 한 번에 완전한 학습이 이루어지기도 합니다.

아이는 유치원에서부터 초, 중, 고, 대학생까지의 시간 동안 수많은 반복학습을 통하여 지속적으로 변화하고 성장해갑니다. 하지만 충격적인 사건이나 강한 감정이 개입된 경험은 단 한 번으로 아이의 잠재의식에 입력이 되어 신경망을 형성해 버립니다.

특히 신체적 경험은 느낌을 동반한 일화적 기억 시스템으로 뇌에 강하게 자리 잡게 됩니다. 아이들의 성장 과정에서 긍정적 변화를 이루어내는 규칙적인 신체활동이 일화기억을 강화시킵니다.

세상에 그냥 이루어지거나 공짜로 주어지는 것은 없습니다. 어릴 때는 아이가 행동하면서 학습할 수 있는 기회를 많이 제공해야 합니다.

🌸 **멘탈코칭 TIP**

1 지속적 학습을 위한 동기를 부여해 주세요.
2 봉사활동, 규칙적인 운동을 통해 강한 학습 효과를 갖도록 하세요.
3 실천의 중요성을 알게 해 주세요.

🌸 **부모 코칭 TIP**

기회는 선택하는 것이다

기회는 작업복을 입고 찾아온 일감처럼 보여서
사람들 대부분이 이를 놓치고 만다. _토머스 에디슨

기회는 일상의 평범함 속에 우리 주변을 맴돌며 주인을 찾고 있습니다. 누군가는 그 기회를 잡아 자신의 성취를 이루는가 하면 누군가는 수많은 기회가 자신에게 손짓을 하는데도 애써 외면하여 기회를 떠나보내고 맙니다.

기회는 아주 공평함을 갖고 있어 누구에게나 똑같이 주어집니다.

하지만 기회는 준비된 사람에게만 미소를 보이며 기회의 문을 열어줍니다.

우리 아이가 부모님의 훌륭한 코칭을 받고 많은 공부를 하는 것은 자신의 주변을 맴도는 기회를 볼 수 있게 하고 그 기회를 자기의 것으로 만들 수 있는 능력을 키우는 것입니다.

✿ 멘탈코칭 TIP

1 아이가 여러 가지 기회를 선택할 수 있는 상태를 위해 공부가 중요하다는 것을 알게 해 주세요.

2 기회는 오는 것이 아니라 항상 아이 곁에 있다고 말해 주세요.

3 기회를 포착하는 민감성과 기회를 자신의 성과로 만드는 유연성을 키워 주세요.

✿ 부모 코칭 TIP

미소는 행복을 준다

때로는 기쁨이 미소의 근원이기도 하지만
때로는 미소가 기쁨의 근원이 되기도 한다. _ 틱낫한

우리는 행복해서 웃기도 하지만 웃음으로서 더 많이 행복해집니다.

억지로라도 웃으면 뇌에서 분비되는 호르몬이 바뀌어 행복해진다는 것은 생리학적으로 이미 증명되었습니다.

우리 뇌는 참과 거짓을 구분하지 않고 똑같은 시스템으로 받아들여 몸을 변화시켜버립니다.

아이들의 뇌를 긍정의 상태로 활성화시키기 위해 많이 웃을 수 있는 환경을 만들어보세요.

가짜 웃음이라도 많이 웃어야 합니다.

웃음과 미소는 아이 뇌의 긍정자원을 증폭시키는 촉매 역할을 할 것입니다.

❀ **멘탈코칭 TIP**

1 아이들과 함께 웃을 수 있는 체험을 많이 하세요.
2 온 가족이 미소 짓는 습관을 들일 수 있게 하세요.
3 미소를 지으면 어떤 좋은 일이 있을지 이야기를 나누세요.

❀ **부모 코칭 TIP**

숙면이 아이를 건강하게 성장시킨다

일찍 자고 일찍 일어나면 건강해질 수도 있고,
부유해질 수도 있으며 지혜로워질 수도 있다. _ 밴저민 프랭클린

아이들은 잠을 자는 동안에 성장을 합니다. 하루 동안 지친 뇌가 휴식을 취하며 신경망을 정리·정돈하는 시간을 가집니다.

잠자는 동안 뇌하수체에서 분비되는 성장호르몬이 아이 키를 키워주고 신체의 피로를 회복시키고 스트레스를 풀어주어 몸과 마음을 완전하게 재충전시켜 줍니다.

아이가 잠이 부족하면 정신적으로 신경질적이 되고 산만해지며 신체적으로 성장이 부진해질 뿐만 아니라 활동이 저하되는 상태가 됩니다.

아이가 지혜롭고 건강하게 자랄 수 있도록 편안하고 충분한 잠을 잘 수 있게 해 주는 환경이 중요합니다.

❀ **멘탈코칭 TIP**

1 전체 수면 시간도 중요하지만 숙면이 중요합니다. 조명, 정적, 온도, 안정된 심리 등의 숙면 조건을 만들어 주세요.
2 잠자기 전 온수 샤워와 긍정 멘탈 트레이닝을 하세요.
3 규칙적인 운동과 생활 습관을 갖도록 해 주세요.

❀ **부모 코칭 TIP**

과거 기억의 의미를 바꾸면 경험이 바뀐다

저절로 실의에 빠지는 것이 아니다.
실의에 빠지는 데 스스로 한몫을 한다. _ 앨버트 앨리스

우리가 지나간 사건 때문에 고통에 빠져 있는 것은 사건 자체가 아니라 그 사건에 대한 우리의 기억 때문입니다.

지나간 사건 자체는 이미 지나갔기 때문에 현재의 고통이 아니지만 그 사건을 어떻게 해석하고 의미를 부여하는가에 따라 고통으로 재창조되는 것입니다.

아이의 잠재의식에 갖고 있는 기억의 연합 상태에 따라 고통이 되기도 하고 행복이 되기도 합니다.

아이에게 일어났던 일들을 마음대로 조종할 수는 없지만 그 일에 대처하는 아이의 뇌는 다르게 작동시킬 수 있습니다.

성취 경험은 연합시켜주세요.

실패 경험은 분리시켜주세요.

🌸 멘탈코칭 TIP

1 아이의 지나간 과거는 현재의 자신을 괴롭힐 수 없음을 가르쳐 주세요. 스스로 허락하지 않는 한 절대로!

2 과거는 기억 속에 저장되어 있다가 언제든 자신이 선택하는 대로 불려 나온다는 사실을 말해 주세요.

3 과거에 대한 의미를 바꾸면 경험이 바뀌는 사실을 설명해 주세요.

🌸 부모 코칭 TIP

성공은 초점 맞추기 훈련이다

젊음을 함부로 하지 마라.
공부도, 연애도, 노는 것도 열심히 하라. _ 피천득

공부 뇌와 운동하는 뇌는 서로 다른 영역이 아닌 같은 틀을 사용합니다. 그것은 학습과 초점이라는 틀입니다.

공부에 초점을 맞추게 되면 우리의 뇌는 공부와 관련된 성과를 내기 위해 모든 시스템이 가동됩니다.

친구와 노는 것과 운동도 마찬가지입니다.

초점을 맞추기만 한다면 어떤 일이든 놀라운 성과를 내게 됩니다.

어렸을 때 한 가지에 초점을 맞추는 틀만 형성시킬 수 있다면 미래에 어떤 분야에서든 탁월한 성취를 이루어내는 능력을 갖게 됩니다.

🌸 **멘탈코칭 TIP**

1 아이가 좋아하는 일에 초점을 맞추는 코칭을 해 주세요.

2 초점 맞추기를 다른 과제에도 적용시켜 보세요.

3 초점 맞추기에 강화를 많이 해 주세요.

🌸 **부모 코칭 TIP**

과거는 소중한 성공 자원이다

이미 흘러간 물로는 물레방아를 돌릴 수 없다. _ 프랭클린

우리가 보는 사물과 현상은 모두가 과거를 보고 있는 것입니다.

눈으로 비추어진 정보는 시신경을 타고 뇌에 전달됩니다. 뇌는 그 정보를 기존의 기억 시스템으로 해석해서 반응하는 데 시간이 걸리기 때문에 우리는 계속적으로 지나간 과거를 보게 되는 것입니다.

이처럼 우리 뇌는 지나간 모든 정보들을 기억창고에 저장하게 됩니다.

그 정보들 중 성공을 위한 소중한 자원도 있고 우리를 제한하는 부정의 자원도 있습니다.

그 어떠한 정보도 이미 지나간 과거라면 그 정보를 긍정적으로 재해석할 수 있습니다. 기억에 대한 의미를 바꿀 수 있는 멘탈 능력만 가진다면 우리 뇌의 모든 자원을 긍정으로 바꿀 수가 있습니다.

❀ **멘탈코칭 TIP**

1 과거의 긍정적 자원을 연합시키세요.

2 과거의 부정적 자원을 분리시키세요.

3 부정적 과거의 기억에 대한 관점 바꾸기를 하세요.

❀ **부모 코칭 TIP**

오늘 하루가 쌓여 내일의 결실을 맺는다

인생은 흘러가는 것이 아니고
성실로서 내용을 이루어 가는 것이다. _ 허스킨

인생이 흘러가는 것은 아닙니다. 흘러가는 것은 세월일 뿐입니다.

아이는 수많은 학습과 경험을 통하여 긍정의 자원을 자신의 뇌에 지속적으로 채워 넣고 있습니다.

새로운 정보의 채움이 얼마나 가치 있는 것들인가에 따라 아이의 운명이 결정됩니다.

중국 속담에 "태산은 티끌도 마다하지 않는다."라고 했습니다.

우리 아이의 작은 배움의 체험들이 쌓여 큰 인재로 성장하는 자원이 되도록 해주어야 합니다.

오늘의 하루가 쌓여 내일의 결실이 됩니다.

어릴 때의 다양한 체험활동과 규칙적인 운동이 미래의 건강과 성취를 위한 소중한 자원이 될 것입니다.

🌸 멘탈코칭 TIP

1 학습과 경험은 모두 뇌에 프로그래밍되는 사실을 가르쳐 주세요.
2 뇌는 어떤 것이든 그대로 입력하여 자신의 것으로 만드는 능력이 있음을 말해 주세요.
3 긍정의 작은 경험들이 아이의 큰 성공을 만듭니다.

🌸 부모 코칭 TIP

함께 활성화된 뉴런은 연결이 강화된다

지나친 휴식은 자신을 녹슬게 한다. _ 윈터 스콧

'헵의 학습법'은 함께 활성화된 뉴런은 서로 연결이 강화된다는 이론입니다. 반대로 장시간 사용하지 않거나 강화되지 않은 뉴런의 연결은 쇠퇴하게 됩니다.

아이의 바른 행동에 대한 부모님의 관심과 격려가 장시간 주어지지 않게 되면 바른 행동이 점점 줄어들게 되는 것입니다.

아이가 갖고 있는 수많은 성취자원의 보물창고인 뉴런에 긍정의 신경 회로가 활성화되는 긍정의 피드백과 코칭이 필요합니다.

아무리 좋은 자원도 강화되지 않으면 녹슬고 쇠퇴하게 됩니다.

❀ **멘탈코칭 TIP**

1 헵의 학습 원리를 쉽게 설명해주세요. '친한 사람과 자주 만나게 되고 자주 만나면서 더 친해지는 원리'와 같습니다.

2 특정 뉴런이 활성화되면 그와 관련된 뉴런이 함께 활성화되어 연결이 강화되는 원리를 설명해 주세요.

3 간절히 원하는 상상을 하게 되면 그와 관련된 뇌 회로가 활성화되어 현실이 되는 원리를 말해 주세요.

❀ **부모 코칭 TIP**

행운은 준비된 자에게 손을 내린다

행운은 마음의 준비가 있는 사람에게만 미소를 짓는다. _ 파스퇴르

우리가 겪는 생활 속의 사건과 경험들의 대부분은 잠재의식 차원에서 신경회로의 활성화와 관계가 있습니다.

잠재의식에서 반복적이고 강하게 연결된 신경회로는 뇌에 프로그래밍되어 행동을 일으키는 원인이 됩니다.

활성화된 뇌 신경망은 외부의 사건과 연결을 찾게 되며 외부의 새로운 사건과 상태를 만들어 내기도 합니다.

성공한 사람들은 지나가는 기회를 자기의 것으로 만들고 그 기회를 잡을 수 있는 뇌의 프로그램이 미리 준비되어 있는 상태였습니다.

준비되지 못한 사람에게는 작은 기회조차 손을 내밀지 않습니다.

✿ 멘탈코칭 TIP

1 잠재의식은 24시간 활동하며 원하는 답을 구하고 있습니다.
2 아이의 잠재의식에 성공 신념을 심어주세요.
3 행운이란 건 없습니다. 기회를 잡는 준비만 있을 뿐입니다.

✿ 부모 코칭 TIP

지혜의 성취 도구를 가져라

지혜의 힘이 위대한 이유는
평범함 속에서도 기적을 발견하기 때문이다. _에머슨

아이들은 저마다 갖고 있는 주관적 실재 속에 살아갑니다.

성장하면서 학습하고 경험한 자신의 모든 기억이 각각의 다른 정서와 감정으로 연합되어 있는 것입니다.

아이가 세상을 바라보는 것은 결국 자신의 경험에 의해 만들어진 마음을 통해서입니다.

이 마음속에 어떤 지식과 지혜를 갖고 있느냐에 따라 다음에 학습하는 정보를 다르게 받아들입니다.

아이가 새로운 발견을 하거나 발명을 할 수 있는 창의적인 사람으로 성장할 수 있는 것은 마음속 지식과 지혜라는 마음의 성취 도구를 갖고 있기 때문입니다.

🌸 **멘탈코칭 TIP**

1 아이의 마음속에 긍정의 정서를 많이 형성하게 해 주세요.
2 지식이 경험과 결합하여 지혜가 되게 해 주세요.
3 다양한 체험을 많이 하게 해 주세요.

🌸 **부모 코칭 TIP**

하고 싶은 모든 것을 하게 하라

자기가 할 수 있는 모든 것을 하는 것은 인간이 되는 것이요,
자기가 하고 싶은 모든 것을 하는 것은 신이 되는 것이다. _ 나폴레옹

자신의 사명을 갖고 '열정'이 있는 아이는 성취할 수 있습니다.

자신이 정말 좋아하고 하고 싶은 일을 할 때 우리는 밥을 먹지 않아도 배가 고프지 않고 잠을 자지 않아도 정신이 더 맑아지는 경험을 하게 됩니다.

그것이 바로 사명에 의한 열정이 있을 때 나타나는 현상입니다.

우리 아이가 좋아하고 정말 하고 싶어 하는 사명을 찾아 초점 맞추기와 집중을 했을 때 그 분야에서 최고로 성취한 사람으로 성장하게 됩니다.

❀ 멘탈코칭 TIP

1 아이가 진정으로 하고 싶은 것이 무엇인지 찾아 주세요.

2 사명을 찾게 되면 반드시 사명을 완수하게 됩니다.

3 사명이 없으면 열정이 없습니다. 열심만 있을 뿐입니다.

❀ 부모 코칭 TIP

책을 읽게 되면 수용성이 높아진다

책은 남달리 키가 큰 사람이요,
다가오는 세대가 들을 수 있도록
소리 높여 외치는 유일한 사람이다. _브라우닝

아이를 변화시킬 수 있는 것은 교육을 통해서입니다.

새로운 학습을 통하여 뇌에 새로운 신경회로가 형성되어 생각과 행동의 변화를 만들어 내게 되는 것입니다.

새로운 지식의 습득은 다른 사람의 지혜를 받아들이는 것으로 독서를 통해서 많이 이루어집니다.

책 속의 내용을 받아들이는 과정에서 새로운 지식을 기존의 뇌에 저장된 다양한 정보와 연합시키는 작업을 통해 자신의 신경회로를 새롭게 생성하거나 강화시킵니다.

아이가 책을 많이 읽는 만큼 신경회로에 수많은 연합과 새로운 회로가 추가되면서 민감성과 유연성을 발달시키게 됩니다.

❀ **멘탈코칭 TIP**

1 아이가 책을 많이 읽게 되면 뇌가 발달됩니다.
2 지식의 깊이와 폭이 넓은 만큼 새로운 지식의 수용성이 높아집니다.
3 모든 학습은 기존의 기억 시스템을 활용합니다.

❀ **부모 코칭 TIP**

지식이 경험과 만나면 지혜가 된다

배우기만 하고 생각하지 않으면 어두우며
생각하기만 하고 배우지 않으면 위태롭다. _논어

아이가 책을 통해 새로운 학습을 하는 것은 지식의 형태로 기억됩니다.

이 지식을 환경에 적용하여 경험하게 되면 자신의 것으로 내면화하여 새로운 감정과 지혜를 만들어 낼 수 있습니다.

환경에 적용한다는 것은 경험을 통하여 지식을 지혜로 바꾸는 것입니다.

이렇게 보면 지식은 경험으로 가는 전 단계인 이론이 되는 것입니다.

아이의 뇌는 모르는 것을 학습하기 위해서 기존의 기억 시스템을 활용하게 됩니다.

아이가 책을 많이 읽고 공부를 하는 것도 중요하지만 학습을 바탕으로 한 경험과 생각이 결합될 때 가장 좋은 학습 성과가 나타납니다.

🌸 **멘탈코칭 TIP**

1 학습을 통해 많은 지식을 습득하게 하세요.
2 지식을 경험과 결합시키는 체험활동을 많이 시키세요.
3 지식을 활용하여 생각과 상상을 많이 할 수 있게 하세요.

🌸 **부모 코칭 TIP**

뇌에 목표를 프로그래밍하라

어떤 생각을 떠올리면 뇌에서 새로운 화학 물질이 순식간에 분비됩니다. 의식적이든 무의식적이든 우리의 생각이 우리 몸에 변화를 일으키게 되는 것입니다.

신경학적인 차원에서 우리가 어디에, 어떻게, 얼마나 주의를 기울이는가에 따라 우리의 존재가 되는 것입니다. 주의를 기울이면 모든 것이 현실이 되고 존재하지 않았던 것이 실제로 존재하게 됩니다.

아이의 뇌에 목표를 반복적으로 자극하고 입력을 하게 되면 신경회로의 연결이 강화되게 됩니다. 아이의 뇌에 분명하고 구체적인 목표를 심어준다면 목표가 신경학적 구조가 되어 뇌에 확실하게 프로그래밍됩니다.

프로그래밍된 목표는 반드시 실현되어 성과를 만듭니다.

❀ **멘탈코칭 TIP**

1 목표에 대한 생각을 반복시키세요.
2 목표에 주의를 집중시키세요.
3 아이의 뇌에 프로그래밍시키세요.

❀ **부모 코칭 TIP**

규칙적인 생활습관이 건강의 비결이다

건강을 유지하는 것은 자신에 대한 의무이며
또한 사회에 대한 의무이다. _ 프랭클린

병은 우리 몸의 에너지가 고갈되어 주요 감염과 싸울 수 있는 기능을 잃게 만듭니다.

우리 몸의 병을 키우는 것은 불규칙한 생활 습관과 스트레스입니다. 특히 스트레스는 모든 질병의 뿌리라고 할 만큼 우리 몸에 나쁜 영향을 미치게 됩니다. 반복되는 스트레스는 우리 정신과 몸이 회복하는 기능을 못하게끔 합니다.

우리 뇌는 너무나 똑똑해서 몸의 전체를 조절하고 통합 운영하는 과정에서 급한 것부터 먼저 처리합니다.

불규칙하고 반복된 스트레스는 몸을 완전한 회복 상태로 만들 수 있는 여유를 없애버립니다.

아이가 스트레스에 지속적으로 노출되지 않게 해야 합니다.

🌸 **멘탈코칭 TIP**

1 운동을 통해 건강을 유지하게 하세요.

2 적당한 휴식을 가지게 하세요.

3 스트레스가 쌓이지 않게 관리해 주세요.

🌸 **부모 코칭 TIP**

행동을 바꾸고 싶다면 말을 바꾸어라

생각은 뉴런의 상호 정보 교환으로 연결된 신경회로에 의해 만들어집니다. 생각은 활성화된 신경회로가 지속적으로 만들어내는 결과물이라고 할 수 있습니다.

우리는 어떤 생각을 많이 하게 되면 신경회로를 강화하여 생각이 더 강해지고 강한 생각이 우리의 행동에 영향을 미치게 됩니다.

아이의 행동을 바꾸고 싶다면 아이의 생각을 바꾸어 주어야 합니다.

생각을 바꾸는 것은 마음을 바꾸는 것입니다.

생각과 마음을 바꾸는 가장 빠른 지름길이 바로 언어를 바꾸는 것입니다. 언어가 바뀌면 마음이 바뀌고 행동이 바뀌기 때문입니다.

❀ **멘탈코칭 TIP**

1 생각을 바꾸고 싶다면 말을 바꾸세요.
2 생각을 바꾸고 싶다면 책을 많이 읽게 하세요.
3 아이의 행동을 바꾸고 싶다면 말을 바꾸세요.

❀ **부모 코칭 TIP**

희망이 시련을 극복한다

희망은 사람을 성공으로 인도하는 신앙이다.
희망이 있으면 어떠한 일도 이룰 수 있으며,
희망이 없으면 인간 생활이 영위될 수 없다. _ 헬렌 켈러

아이가 아무리 힘들고 어려운 환경에서도 자신을 지키고 시련을 극복할 수 있게 하는 힘은 내일에 대한 희망이 있기 때문입니다.

아이가 성장하면서 겪게 될 시련과 좌절을 참고 견디며 이겨내는 과정에서 희망이 없다면 쉽게 좌절하고 포기하게 될 것입니다.

희망은 아이가 가진 꿈과 목표를 더 밝게 비추는 등불이 될 수 있습니다.

밝게 비추는 희망의 등불을 보며 어려움을 헤치고 앞으로 조금씩 전진해 가면서 더 강하게 성장해 갈 것입니다.

아이가 자신의 꿈과 목표를 더 크고 강하게 가질수록 희망의 등불은 더 밝게 비칠 것입니다.

🌸 **멘탈코칭 TIP**

1 분명한 꿈과 목표를 갖게 해 주세요.

2 희망을 갖게 할 성취 체험과 격려를 보내주세요.

3 부모님의 믿음을 보여주세요.

🌸 **부모 코칭 TIP**

상상을 반복하면 현실이 된다

우리가 두려워하는 공포는 종종 허깨비이지만,
그럼에도 불구하고 실제 고통을 초래한다. _ 실러

우리의 뇌는 상상과 현실을 구분할 수 있는 기능을 갖고 있지 않습니다. 상상한 것이든 실제로 경험한 사실이든 그대로 저장하여 신경망을 형성합니다.

상상과 현실을 처리하는 뇌 시스템이 동일하기 때문에 우리는 상상만으로도 뇌를 변화시킬 수가 있습니다.

아이들이 실패나 공포에 대한 걱정을 하는 순간 아이의 뇌에는 그와 관련된 신경회로가 만들어져서 자신을 부정의 상태로 변화시켜 버립니다.

반대로 성공과 행복, 사랑에 대한 상상을 하게 되면 아이의 뇌는 온통 긍정의 회로가 활성화됩니다.

강하게 반복적으로 하는 상상이 현실이 되는 것입니다.

❇ **멘탈코칭 TIP**

1 아이의 뇌에 긍정의 신경망을 만들어 주는 상상을 하도록 하세요.
2 상상으로 입력하는 것도 프로그래밍됩니다.
3 상상한 대로 신경회로가 만들어져 그대로 실행하게 만듭니다.

❇ **부모 코칭 TIP**

아이가 갖고 있는 모든 자원이 행복이다

나는 신발이 없어 우울하다.
그런데 거리에서 발이 없는 사람을 만났다. _ 데일 카네기

우리는 자신이 못 가진 것 때문에 마음이 힘듭니다. 충분히 많이 갖고 있음에도 자신의 더 큰 욕망 때문에 더 많이 가지려고만 합니다.

자신의 단점을 비추고 있는 초점 때문에 고통스러워합니다.

아이가 갖고 있는 이 초점을 자신의 강점과 잠재력에 맞춘다면 놀라운 성과가 이루어질 수 있습니다.

아이의 강점을 찾아보세요.

아이가 충분히 갖고 있는 잠재자원에 초점을 맞추어 보세요.

행복은 멀리 있지 않습니다.

아이의 감정에 초점을 맞출 때 아이가 갖고 있는 모든 자원이 아이의 행복이 됩니다.

🌸 멘탈코칭 TIP

1 아이가 갖고 있는 강점에 대해 이야기해 주세요.
2 아이의 잠재자원을 찾아보세요.
3 모든 비교의 대상은 아이 자신이 되어야 합니다.

🌸 부모 코칭 TIP

자기를 이기는 사람이 강한 사람이다

남을 아는 사람은 지혜 있는 사람이지만 자기를 아는 사람이 더욱 명찰한 자이다.
남을 이기는 사람은 힘이 있는 자이지만 스스로를 이기는 사람은 더욱 강한 사람이다.
_ 노자

아이는 성장하면서 점차적으로 사회적 비교대상이 됩니다. 부모님은 아이의 발달 상태나 학습 능력을 다른 친구들과 비교해서 분석하고 판단하려 합니다.

이때부터 아이는 자신의 내면을 비추던 초점을 외부로 돌려 환경과 친구들에게로 향해갑니다. 자신의 가치판단을 자신의 기준이 아닌 다른 사람과 사회적 기준에 맞추어 왜곡시키게 됩니다.

결국 자기가 자기를 잃어버리고 오로지 남의 기준에 맞추다 보니 남을 이기는 것에만 초점을 맞추게 되는 것입니다.

오로지 승리와 지배에만 집착하게 되어 시기와 질투하는 부정적 감정에 휩싸이게 만듭니다.

🌸 **멘탈코칭 TIP**

1 아이를 비교하지 마세요.
2 아이를 비교하면 아이는 초점을 바꾸어 버립니다.
3 아이 자신의 변화에 초점을 맞추어 주세요.

🌸 **부모 코칭 TIP**

불가능은 오직 우리의 마음속에만 있다

과학자들은 9m 이상 멀리뛰기는 불가능하다고 주장했다.
하지만 나는 그 말을 무시해 버렸다.
그런 생각들은 우리의 발목을 잡을 뿐이다. _ 칼 루이스

우리가 알고 있는 대부분의 불가능은 제한된 마음에서 만들어질 뿐 실제로 존재하지 않는 경우가 많습니다. 우리 마음에 형성된 부정적 자기제한 신념에 의해 만들어내는 주관적인 판단일 뿐입니다.

결국 우리가 알고 있는 불가능이란 것은 우리 마음에 쳐져 있는 장애의 그물일 뿐, 실재는 아니라는 것입니다.

우리는 그것을 역사에서 증명할 수 있습니다.

12척의 배로 왜함선 수백 척을 침몰시킨 이순신 장군의 승리에서 우리는 불가능이 실제로 불가능한 것이 아닌 우리의 마음속 장애라는 것을 알 수 있습니다. 이순신 장군의 마음에는 불가능이 없었습니다.

불가능이라는 마음속 장애를 걷어내는 순간 불가능은 사라지게 됩니다.

🌸 **멘탈코칭 TIP**

1 역사 속에서 불가능을 가능으로 만든 위인에 대해 이야기를 나누세요.
2 아이가 갖고 있는 꿈에 대해 성공 신념을 심어 주세요.
3 이순신 장군의 멘탈에 대해 함께 이야기를 나누세요.

🌸 **부모 코칭 TIP**

자신의 상태에 맞게 서서히 속도를 올려라

험한 산에 오르기 위해서는 처음에 천천히 걸어야 한다. _ 셰익스피어

마라톤에서 처음에 앞서 달리는 선수가 마지막에 꼭 1등을 하지는 않습니다. 우수한 선수는 처음부터 자신의 상태에 맞게 페이스를 유지하는 것이 더 중요하다는 것을 알고 있습니다.

인생은 마라톤과 같습니다.

100m 단거리 달리기처럼 처음부터 너무 급하게 성과를 얻고자 한다면 얼마 가지 않아 지쳐버리고 맙니다.

비록 출발이 늦었더라도 천천히 자신의 상태에 맞는 속도를 조절하는 것이 나중에 자신이 원하는 결과를 만들어 낼 수 있습니다.

우리 아이가 지금 비록 큰 두각을 나타내지 않고 있더라도 조바심을 낼 이유가 없습니다. 우리 아이는 자신의 페이스를 유지하면서 잘 달리고 있습니다. 지켜봐 주고 서포트해 주는 부모님의 역할이 아이를 더 성장하게 하는 힘이 됩니다.

❀ 멘탈코칭 TIP

1 아이의 현재 상태를 함께 점검해 보세요.
2 현재 아이 상태에서 방향과 속도가 알맞은지 체크해 보세요.
3 지켜보면서 격려해 주십시오.

❀ 부모 코칭 TIP

성공은 개인의 능력보다 인간관계 능력이다

개미 천 마리가 모이면 맷돌도 든다. _ 한국 속담

백지장도 맞들면 가볍다고 했습니다.

뜻 맞는 세 사람이 모이면 나라를 흔들 수도 있다고 합니다.

혼자일 때 한없이 약한 것이 인간이지만 함께 뭉쳐 힘을 발휘하면 할 수 없는 일이 없어집니다.

친구관계가 좋고 리더십이 뛰어난 아이가 성장해서 더 큰 성공을 이루는 사례를 주위에서 많이 봅니다.

자신보다 더 뛰어난 친구들의 능력을 빌릴 수 있는 리더십과 의사소통 능력이 학교성적보다 더 큰 성공요인입니다.

성공한 사람들의 성공요인에서 개인의 능력과 기술이 차지하는 비율은 약 15% 이내이며 나머지 85%는 인간관계 능력입니다.

💮 **멘탈코칭 TIP**

1 협력의 긍정적 결과에 대해 설명해주세요.

2 친구의 소중함을 가르쳐 주세요.

3 전체는 부분의 합보다 더 커지는 시너지 효과에 대해 설명해주세요.

💮 **부모 코칭 TIP**

PART 03

결단의 단계

말이 사람을 만든다

시간은 흘러가지만
한번 입 밖에 낸 말은 그대로 남는다. _ 톨스토이

말이 마음에 영향을 미치고 마음은 행동을 만듭니다.

입 밖으로 한번 내뱉은 말은 자신과 다른 사람의 뇌에 입력되어 프로그래밍됩니다.

우리 뇌는 오감과 언어를 통하여 외부 자극이나 정보를 받아들이게 됩니다. 그리고 그 정보를 처리하기 위해서 기존의 기억 시스템을 활용합니다.

새롭게 접하는 정보와 관련된 수많은 신경 연결이 활성화되거나 추가되면서 본인의 의지와 관계없이 자신의 존재를 만들게 됩니다.

아이가 어떤 사람을 만나고 어떤 말을 하고 듣는가에 따라 마음이 새롭게 바뀌고 행동도 변화합니다.

말이 아이의 존재를 새롭게 만들게 되는 것입니다.

❀ 멘탈코칭 TIP

1 자신이 사용하는 부정적인 말에 어떤 것이 있는지 살펴봅니다.
2 자신이 사용하는 긍정적인 말에 어떤 것이 있는지 살펴봅니다.
3 어떤 말이 가장 듣기 좋은지 생각해 봅니다.

❀ 부모 코칭 TIP

말을 바꾸면 사람이 바뀐다

진심에서 나오는 말만이 사람의 마음을 움직일 수 있고,
밝은 양심에서 나오는 말만이 사람의 마음을 꿰뚫는다. _ 윌리엄 펜

말은 마음에서 나오고 마음은 말의 영향을 받습니다.

마음이 묻어나는 말은 힘을 갖고 있습니다.

말은 자신의 행동을 일으키며 상대의 마음도 움직이게 하는 힘을 갖고 있습니다.

자기 이익을 위한 말이나 남을 비난하는 말에는 나쁜 기운이 포함되어 있어 듣는 사람이 금방 알아차립니다.

아이에게 하는 말은 진심이 묻어나는 말을 해야 합니다.

밝고 긍정적인 말을 전해주어야 아이의 마음이 열립니다.

아이의 마음을 움직일 수 있는 말은 아이가 듣고 싶고 관심 있는 이야기부터 진심으로 해 주는 것입니다.

🌸 **멘탈코칭 TIP**

1 "넌 정말 대단해!", "멋있었다."라는 긍정의 말을 들려주세요.
2 아이의 관심사에 대해 이야기하세요.
3 "고마워.", "사랑해."라는 마음을 전하는 말을 자주 해 주세요.

🌸 **부모 코칭 TIP**

선택에 열정을 집중하라

한 사람이 동시에 두 마리 말을 탈 수는 없다.
이 말을 타려면 저 말을 포기해야 한다. _ 괴테

우리는 살아가면서 수많은 선택의 기로에 서 있고 그중에 하나를 포기하고 하나를 선택해야 할 때가 많습니다.

이것을 경제학에서 '기회비용'이라고 합니다.

그 선택에 따른 결과를 만족하게 얻지 못할 때 선택에서 배제된 것에 대한 아쉬움과 미련이 더 커지게 됩니다.

한 사람이 어차피 두 가지 일을 할 수 없다고 한다면 선택한 방향에 열정을 모아서 최고의 성과를 내는 것이 후회가 없습니다.

아이가 좋아하고 필요한 선택을 할 수 있도록 부모님이 서포트해 주어야 합니다. 그리고 그 선택에 집중할 수 있게 도움을 주는 것이 부모님의 역할입니다.

❀ **멘탈코칭 TIP**

  1 자신의 선택에 따라 결과가 만들어집니다.
  2 선택에 열정을 집중하게 하세요.
  3 선택을 존중하고 격려해 주세요.

❀ **부모 코칭 TIP**

갑자기 찾아온 공짜 행운은 재앙이다

노고 없이 얻어지는, 진정으로 귀중한 것이란 없다. _J. 에디슨

세상에 공짜는 없다고 했습니다.

만약에 공짜가 있다면 그것은 가치가 없는 것이 대부분입니다.

쉽게 얻어지는 것은 싸구려가 많습니다.

정말 귀한 것은 쉽게 얻어지지 않는 법입니다.

그리고 정말 가치 있는 것이 공짜로 주어진다면 그것이 우리의 삶에 재앙이 될 확률이 높습니다.

서양에서는 복권에 당첨되는 것을 재앙이라고 합니다. 갑자기 찾아온 공짜 행운이 자신의 삶을 송두리째 흔들어 버리기 때문입니다.

열정으로 성취하지 않은 것은 진정한 가치가 없습니다.

땀 흘려 이룬 업적만이 진정한 가치입니다.

✿ 멘탈코칭 TIP

1 요행을 바라는 마음은 우리를 망치는 독입니다.

2 쉽게 얻어지는 공짜의 유혹에 속지 않게 하세요.

3 자신의 노력으로 이룬 성취가 아니면 자신의 가치를 낮게 만든다고 코칭해 주세요.

✿ 부모 코칭 TIP

운동을 통해 몰입의 경험을 갖게 하라

분주히 일하는 꿀벌은 슬퍼할 틈이 없다. _ 블레이크

우리 마음에 여러 가지 생각이 많은 것을 잡념이라고 합니다.

잡념은 주의를 흩어지게 만들어 우리에게 혼돈을 주게 됩니다.

삶의 여유와 빈틈이 있을 때 잡념은 소리 없이 찾아와 우리의 마음에 자리 잡아 버립니다.

잡념을 없애는 가장 좋은 방법이 몰입입니다.

몰입은 특정한 과제에 깊이 파고들거나 빠지는 것입니다.

몰입은 시간 가는 줄 모르게 우리를 집중하게 하여 주변의 불필요한 모든 정보를 차단하게 됩니다.

아이가 몰입과 집중의 경험을 많이 갖게 해야 합니다.

어릴 때 운동 습관은 몰입과 집중에 매우 도움이 됩니다.

🌸 멘탈코칭 TIP

1 아이가 몰입할 수 있는 과제를 함께 선택하세요.

2 호기심과 잡념의 차이를 설명해 주세요.

3 운동을 통해 과제에 몰입하는 경험을 갖게 해 주세요.

🌸 부모 코칭 TIP

시련 속에 멘탈이 더 강해진다

거부당하는 고통을 한 번도 느끼지 않고
성공의 즐거움을 맛보려는 사람은 결코 성공할 수 없다. _ 앤서니 라빈스

몸에 근육이 부족하면 기력이 떨어지고 면역기능도 저하됩니다.

우리 몸의 근육을 키우기 위해서는 근력운동을 해야 합니다.

저항을 받은 근육은 운동을 할 때는 스트레스 상태이지만 시간이 지나면서 더 멋진 몸매와 건강한 체력을 갖게 해 줍니다.

마찬가지로 아이가 성장 과정에서 갈등과 시련, 고통을 한 번도 겪지 않고 자란다면 온실 속에서 자라난 화초처럼 멘탈이 연약한 사람으로 성장할 것입니다. 멘탈이 약한 사람은 외부의 작은 충격이나 시련에도 쉽게 쓰러지게 됩니다.

성공하는 사람은 삶의 갈등과 시련, 좌절을 자신의 긍정적 자원으로 발전시켜 멘탈을 더 강화하는 소중한 경험으로 바꿀 줄 아는 사람입니다.

🌸 **멘탈코칭 TIP**

1 아이가 규칙적인 운동을 하게 하세요.
2 운동을 하면서 변화하는 마음과 몸을 느끼게 하세요.
3 갈등과 시련이 우리를 더 강하게 해 준다는 긍정의 멘탈을 갖게 해 주세요.

🌸 **부모 코칭 TIP**

걱정하기보다 준비하라

미리 걱정하는 것을 미리 생각하고 계획하는 것이 되게 하라. _ 윈스턴 처칠

걱정을 하는 것은 일을 잘하려고 하는 긍정적 의도를 갖고 있는 것입니다. 걱정에 대한 준비를 하면서 걱정할 일이 생기지 않게 해 주기 때문입니다.

하지만 걱정을 하면서 느끼게 되는 불안과 두려운 감정이 연합되고 되풀이되면서 패턴이 되었을 경우 걱정은 부정적 상태를 지속시켜 버립니다.

걱정 상태가 극단적인 감정 상태를 불러오게 되면 걱정에 대한 준비와 계획이 사라지며 해결 행동도 없어지는 상태가 됩니다.

바로 걱정에 대한 집착과 강박 상태만 남게 되어 마음이 더 힘들어지게 됩니다.

걱정보다 걱정에 대한 준비와 생각, 계획이 우선될 때 걱정할 일은 생기지 않게 됩니다.

🌸 **멘탈코칭 TIP**
   1 걱정보다 '어떻게 공식'을 사용하여 걱정이 사라지게 하세요.
   2 걱정에 대한 계획과 준비를 하게 하세요.
   3 대부분의 걱정은 마음에서 만든 착각이라는 사실을 말해 주세요.

🌸 **부모 코칭 TIP**

내면의 가치가 삶을 창조한다

주위 환경보다는
내면의 그 무엇이 더 중요하다는 신념을 가진 사람들만이
빛나는 성과를 이룰 수 있었다. _브루스 바튼

아이가 자신의 사명과 신념, 행동에 초점을 맞추어 마음이 일치될 때 성과를 얻게 됩니다. 일치된 삶을 살아가는 사람은 더 큰 성취를 이룰 수 있는 준비가 된 사람입니다.

아이가 갖고 있는 삶의 방향은 아이가 가진 내면적 가치들에 의해 창조되어 갑니다. 아이가 소중히 여기는 삶의 가치를 발견할 수 있도록 부모님이 코칭해 주어야 합니다.

아이가 자신의 가치를 발견하지 못하거나 삶의 방향을 알 수 없게 된다면 실패하는 삶의 주인공이 될 수 있습니다.

아이가 소중히 여기는 삶의 진정한 가치를 부모님에게서 배울 수 있게 해야 합니다. 아이는 부모님의 그림자로 살아가기 때문입니다.

❀ 멘탈코칭 TIP

1 TV보는 시간을 줄이고 대화의 시간을 늘리세요.
2 아이가 원하는 가치에 대해 경청해 주고 격려해 주세요.
3 긍정의 자원상태에 초점을 맞추세요.

❀ 부모 코칭 TIP

질문에는 반드시 답을 하게 된다

모든 문제에 답을 구해주는 성공방정식이 있다.
그것은 '어떻게 공식'이다. _ 박영곤

모든 문제에는 답이 있습니다. 문제를 문제로 받아들여 문제에 갇히게 되면 답을 구할 수가 없습니다. 문제에 모든 초점이 맞추어지기 때문입니다.

아이가 문제에 대한 걱정을 하는 순간 극단적인 부정적 감정 상태에 빠지게 됩니다. 그 속에서 좌절감이나 두려움을 갖게 되어 무력감을 느끼게 되면 문제에 갇혀 버립니다.

이때 필요한 질문이 '어떻게 공식'입니다.

'어떻게 하면 지금의 이 문제를 풀 수 있을까?'라고 생각하고 질문하는 순간 우리 뇌는 답을 찾기 위한 작업을 시작하여 반드시 그 답을 구해 주기 때문입니다.

✿ 멘탈코칭 TIP

1 문제를 보되 문제에 갇히지 않게 하세요.

2 문제에는 반드시 답이 있다는 신념을 갖게 해 주세요.

3 어떻게 공식을 이용하세요.

✿ 부모 코칭 TIP

성공의 열쇠는 신념과 열정이다

내게 진리가 되는 신념이란
내 능력을 활용하고 그것을 행동으로 옮겨
최고의 의미를 얻는 것이다. _ 앙드레 지드

성공은 그저 열심히 하고 노력한다고 주어지는 것이 아닙니다.

어느 누구도 열심히 살지 않은 사람은 없습니다.

그런데도 성공은 극히 소수의 사람만이 이룹니다.

성공의 핵심 열쇠가 따로 있기 때문입니다.

성공의 열쇠는 바로 '열정'입니다.

강한 동기와 활력을 주며 어떠한 어려움도 기회로 바꾸기 위해 도전하게 만드는 것이 바로 열정입니다.

우리 아이의 성공적인 삶을 위한 열정을 충전해 주어야 합니다.

먼저 아이가 미치도록 좋아하고 하고 싶은 목표를 설정해야 합니다.

그리고 꿈을 꾸게 하고 성공 신념을 갖게 되면 뜨거운 열정이 꽃피게 될 것입니다.

❀ 멘탈코칭 TIP

1 아이의 구체적인 목표를 함께 설정하세요.
2 내적 동기를 부여하여 자결성을 갖게 하세요.
3 성공 신념을 키울 수 있는 작은 체험을 많이 해 주세요.

❀ 부모 코칭 TIP

사랑만이 아이를 더 성장시킨다

넘치도록 사랑을 줄 수 있다면,
세상에서 가장 능력 있는 사람이 될 수 있다. _ 에밋 폭스

아이는 부모님의 관심과 사랑을 먹고 성장합니다.

아이는 부모님의 사랑 표현을 받으며 자신의 존재를 만들어 갑니다.

그 어떤 가치보다 우선되어야 할 것은 바로 사랑입니다.

이 세상 모든 오염과 부정을 깨끗이 씻어내 주고 아이의 아픔과 고통의 상처를 어루만져주며 새싹이 돋게 하는 것도 지속적인 부모님의 사랑입니다.

부모님의 지속적인 큰 사랑을 아이가 더 많이 느낄 수 있게 해 주어야 합니다.

부모님이 보여주시는 사랑의 크기와 표현만큼 아이의 마음속에도 사랑의 씨앗이 더 많이 자라게 됩니다.

❀ **멘탈코칭 TIP**

1 하루에 3번 이상 사랑한다는 표현을 해 주세요.

2 아이가 힘들 때 더 많은 사랑이 필요합니다.

3 아이는 받은 사랑만큼 표현하게 됩니다.

❀ **부모 코칭 TIP**

결단하면 시작된다

시도했던 모든 것이 모두 잘못되어 폐기되더라도,
그것은 또 하나의 전진이기 때문에 나는 절대 실망하지 않는다. _토머스 에디슨

우리의 삶은 매순간 모두 결단의 연속입니다.

모든 변화와 성장, 성취는 결단에서 시작됩니다.

결단하는 순간 변화가 일어나며 변화는 결과를 바꾸게 됩니다.

우리 속담에 "시작이 반이다."라는 말이 있습니다.

결단하는 순간 이미 절반을 성공한 거나 마찬가지입니다.

신라시대 삼국통일의 주역인 김유신은 15세 때 말의 목을 베며 자신의 결단을 통해 새로운 시작을 열었습니다.

우리 아이가 할 수 있는 일에 도전할 수 있는 결단을 내릴 수 있도록 자신감과 용기를 북돋워 주어야 합니다.

실패를 두려워하지 않은 결단은 부모님의 격려와 긍정적 피드백을 통해 가지게 됩니다.

✿ 멘탈코칭 TIP

1 실패에 대한 긍정적 피드백을 즉시 해 주세요.
2 결단하면 시작된다는 사례를 보여주세요.
3 변화를 원한다면 결단이 필요하다는 신념을 갖게 해 주세요.

✿ 부모 코칭 TIP

언어적 능력이 경험을 바꾼다

말은 우리의 경험을 꿰는 실이 된다. _올더스 헉슬리

아이가 어휘력이 부족하게 되면 감정적인 느낌과 표현의 부족 때문에 정서적으로 모자란 삶을 살아가게 됩니다.

아이가 습관적으로 사용하는 말이 아이 자신의 의사소통 능력과 긍정적 경험에 영향을 주고 있습니다. 일상생활 속에서 사용하는 습관적인 말을 바꾸기만 해도 아이의 삶이 바뀌게 됩니다.

말을 바꾸면 경험과 기억에 관련된 정서도 함께 변화해 버립니다.

어린아이의 경우 아직은 언어적 능력이 부족하기 때문에 성인에 비해 생각이나 감정이 미숙한 상태입니다.

이 시기에 주변 사람의 언어습관과 독서에 의하여 자신의 어휘력이 발달되게 됩니다. 특히 부모님의 언어습관에 의해 아이의 언어 능력이 크게 영향을 받습니다.

🌸 **멘탈코칭 TIP**

1 아이에게 활력을 불어넣는 말을 해 주세요.
2 부모님이 다양한 언어적 표현을 하세요.
3 아이의 언어 표현을 존중해 주세요.

🌸 **부모 코칭 TIP**

아이는 부모에 의해 창조된다

아이는 부모의 그림자로 살아간다.
왜냐하면 아이는 부모에 의해 두 번 창조되기 때문이다. _ 박영곤

아이는 부모님에 의해 태어나는 첫 번째 창조와 자라면서 부모님의 양육과 코칭을 통해 두 번째 창조가 됩니다.

성장 과정에서 부모님의 절대적인 영향 속에 부모님의 얼굴 표정과 마음까지도 그대로 스캔하여 자기화시켜 닮아갑니다. 아이는 자신의 의지와 상관없이 거울뉴런에 의해 부모님의 모든 것을 스펀지처럼 흡수하여 내면화시킵니다.

부모님은 아이를 바꾸기 위한 교육에 많은 시간과 비용을 투자합니다. 하지만 부모님의 변화 없이 아이를 변화시키려는 노력은 외형적인 변화는 이룰 수 있지만 내면적인 마음과 관계되는 부분은 변화시킬 수 없습니다. 부모님의 말과 행동이 아이의 마음에 고스란히 투영되기 때문입니다. 결국 아이의 삶은 다른 시간과 공간에서 다른 모습을 가진 부모님의 그림자로 살아가게 됩니다.

❀ 멘탈코칭 TIP

1 부모님이 먼저 변화를 위한 노력을 보여 주세요.
2 아이는 부모님에 의해 창조됩니다.
3 아이는 부모님의 그림자로 살아가게 됩니다.

❀ 부모 코칭 TIP

생각은 에너지이다

마음 가는 곳에 기가 간다.
기가 가는 곳에 에너지가 따르며
에너지가 작용하여 변화가 일어난다. _ 설기문

생각은 강한 에너지를 갖고 있습니다.

아이가 일구어낸 모든 결과물의 시작에는 바로 생각이 있습니다.

뇌는 신경망을 통해 우리의 정신과 몸을 다스리고 마음과 태도를 바꿉니다.

만약 아이의 성취를 방해하는 것이 있다면 그것은 아이의 뇌가 부정적 생각을 하기 때문입니다. 자신 이외에 그 누구도 자신을 방해할 수 있는 사람이 없는데도 부정적 생각에 스스로 묶여 있을 뿐입니다.

아이를 묶어놓은 족쇄와 가두어 놓은 부정의 울타리를 걷어내기만 한다면 뇌 속에 있는 거대한 에너지가 분출되어 긍정적 생각을 현실로 만드는 기적을 실현시킬 것입니다.

🌸 멘탈코칭 TIP

1 레몬을 오감으로 느끼는 상상 실습을 통해 생각이 몸을 변화시키는 원리를 알게 해 주세요.
2 우리의 장애는 외부가 아닌 자신의 부정적 생각 때문임을 알게 해 주세요.
3 부정보다 긍정에 초점을 맞추는 언어 습관을 가지도록 코칭해 주세요.

🌸 부모 코칭 TIP

스트레스는 바로 해소하라

아이도 어른 이상의 스트레스를 받으며 성장합니다. 아이가 지속적인 스트레스 상황에 노출되지 않도록 부모님의 관심과 관리가 필요합니다.

우리 대뇌에서 스트레스를 감지하게 되면 몸은 즉시 경계 상태로 전환하게 됩니다. 소화기관에 있는 혈액이 팔다리로 이동하고 긴급 상황에 대비하여 근세포들은 아드레날린으로 둘러싸이게 됩니다.

특히 스트레스로 인한 화학물질의 농도가 지속적으로 높아지면 우리 뇌는 이 높아진 상태를 정상으로 인식하여 스트레스 반응을 반복하거나 항상성의 기준을 올려 버립니다.

어릴 때 스트레스가 지속되어 형성된 항상성을 성인이 된 이후에도 자신을 힘들게 하는 장애로 작용하게 됩니다. 아이가 너무 심한 스트레스에 지속적으로 노출되지 않게 하여야 합니다. 지속적인 스트레스는 마음과 몸의 균형을 무너뜨려 건강을 해치게 됩니다.

🌸 멘탈코칭 TIP

1 스트레스를 견디는 정신적, 신체적 건강을 유지하세요.
2 강한 스트레스에 노출되지 않게 하세요.
3 스트레스가 지속되지 않게 하세요.

🌸 부모 코칭 TIP

말하는 법만 바꾸어도 인생이 바뀐다

재능 가운데 가장 소중한 재능은
한 마디면 될 때 두 마디 말하지 않는 재주이다. _토머스 제퍼슨

신경언어프로그래밍NLP은 말의 힘, 언어의 힘입니다.

한 마디의 말로써 사람의 마음을 바꿀 수 있는 기법이며 체계입니다.

한 마디의 말로써 세상을 바꾸는 힘이라고 할 수 있습니다.

아이는 언어능력이 부족하기 때문에 성인에 비해 생각과 감정이 미숙합니다.

그러므로 어릴 때부터 언어 훈련이 필요합니다.

우리가 사용하는 말의 약 80%가 부정적인 말이라고 합니다.

아이가 사용하는 말의 1%만 바꾸어도 아이 인생 99%가 바뀝니다.

아이가 사용하는 긍정적인 말이 아이의 인생을 건강하고 행복하게 하는 뿌리가 될 것입니다.

🌸 **멘탈코칭 TIP**

1 언어의 힘에 대해 아이와 함께 공부하세요.

2 짧게 말해야 할 상황에 대해 함께 이야기를 나누세요.

3 아이가 긍정의 언어를 사용하게 코칭하세요.

🌸 **부모 코칭 TIP**

자기를 먼저 바꾸어라

다른 사람들을 비난하려고 생각하기 전에
자기 자신을 충분히 살펴보아야 한다. _ 몰리 에르

인간은 자신을 스스로 변화시킬 수 있는 탁월한 두뇌를 갖고 있습니다. 우리 뇌는 몸의 대장 역할을 맡으며 자신을 조절하고 새로운 학습을 하며 실수를 통해서도 배울 수 있는 기능을 갖고 있습니다.

우리는 자신의 마음을 바꾸거나 관점을 바꿈으로써 어떤 일에 대해 전혀 다른 해석과 의미를 가질 수도 있습니다. 이것은 똑똑한 뇌가 있기에 가능한 일입니다.

부모님의 변화 없이 아이를 변화시키는 것은 어렵습니다. 그런데도 부모님은 아이를 먼저 변화시키기 위해 아이를 비난하고 불평합니다. 그러나 아이에 대한 비난은 저항을 키워 아이를 더욱더 변하지 않는 상태로 만들 뿐입니다.

지혜로운 부모님은 아이를 바꾸기보다 스스로의 관점을 먼저 바꿀 줄 아는 분입니다.

🌸 멘탈코칭 TIP

1 아이의 장점에 주목하세요.
2 관점을 바꾸면 아이를 이해할 수 있습니다.
3 아이를 비난하기보다 부모님의 모자란 점을 먼저 보세요.

🌸 부모 코칭 TIP

한 가지 과제에 집중하게 하라

두 가지, 세 가지 일로
마음을 두 갈래, 세 갈래 내는 일이 없어야 한다. _ 이황

우리 뇌의 천억 개가 넘는 뉴런은 새로운 자극과 정보가 입력되면 서로 연결을 강화하거나 새로운 연결을 추가하게 됩니다. 그래서 마음의 변화가 일어나는 것입니다. 이러한 변화를 위해서는 집중된 반복 훈련이 있어야 합니다.

이처럼 어떤 과제를 완성하기 위해서는 의식적인 집중과 반복을 필요로 합니다. 이때에 한꺼번에 두 가지 이상의 과제를 주거나 생각을 분산하게 되면 우리 뇌는 혼란스러워 제대로 일을 하지 못합니다.

한 가지 일을 끝낸 후 새로운 일을 할 수 있게 해야 합니다.

아이에게 너무 복잡한 과제나 동시에 여러 과제를 주게 되면 집중을 방해하게 되어 힘들어할 수 있습니다.

집중과 몰입하는 태도를 좋게 하기 위해서는 우선순위를 정하여 선택적 집중과 몰입을 하는 것이 필요합니다.

✿ 멘탈코칭 TIP

1 한 가지 일을 하는 동안에 다른 자극과 정보를 차단하세요.
2 과제 수행 중에는 과제와 관련된 생각만 하세요.
3 한 가지 과제에 집중할 수 있게 단순한 과제를 주세요.

✿ 부모 코칭 TIP

나 자신을 가치 있게 업그레이드하라

인생이란 원래 공평하지 못하다.
불평할 생각하지 말고 받아들여라. _ 빌 게이츠

사람들은 착각 속에 살아갑니다.

'인간은 모두 평등하다.' 그리고 '세상은 공평하다.'는 착각 속에 살아가고 있습니다.

하지만 세상은 공평함을 추구하려 할 뿐 실제는 공평하지 않습니다.

평등한 세상을 갈구하지만 결코 평등한 세상은 존재할 수 없습니다.

평등과 공평을 그저 원하기만 한다면 우리는 세상을 향해 불평하고 분노해야 합니다.

하지만 불평과 분노로 세상은 바뀌지 않습니다. 오히려 불평과 분노는 더 많아지고 자신은 점점 파괴되어 갑니다.

세상을 바꾸려고 하지 말고 다른 사람을 바꾸려 하지 마십시오.

나를 더 성장시키고 가치 있게 업그레이드할 때만이 조금 더 공평하고 평등한 세상이 다가올 것입니다.

🌸 멘탈코칭 TIP

1 불평은 더 큰 불평으로 자라게 됩니다.
2 아이에게 더 큰 세상을 볼 수 있는 다양한 체험을 갖게 해 주세요.
3 아이에게 자기계발의 중요성을 알게 해 주세요.

🌸 부모 코칭 TIP

아이의 두뇌 사용설명서를 가져라

바다보다 더 장대한 것은 하늘이고
하늘보다 더 장대한 것은 사람의 마음이다. _ 빅토르 위고

우리 몸은 생각이나 상상만으로도 생리 및 신체적 변화를 일으킵니다. 좋은 상상을 하면 머리가 맑아지고 기분이 좋아지며 활력이 솟아납니다. 기분 좋지 않은 생각을 하기만 해도 머리가 아파 오고 몸이 무거워집니다.

우리 뇌의 천억 개가 넘는 뉴런에서 만들어지는 이 마음이 모든 것을 바꾸기도 하고 새롭게 창조하기도 합니다.

모든 것은 마음에서 시작되고 마음으로 창조할 수 있습니다.

아이에게 지금 당장 필요한 건 마음을 어떻게 사용해야 하는지에 대한 설명서입니다. 부모님이 먼저 마음 사용설명서를 가지셔야 합니다. 그리고 아이에게도 설명서를 선물해야 합니다.

우리 아이 마음 사용에 관한 상세한 설명서가 아이의 성취하는 삶을 만들어 줄 것입니다.

❁ **멘탈코칭 TIP**

　1 상상만으로 어떤 변화가 가능한지 실습해 보세요.

　2 '일체유심조'에 대해 설명해 주세요.

　3 아이와 함께 두뇌 사용설명서(NLP)에 대해 공부하세요.

❁ **부모 코칭 TIP**

부모의 선택과 행동이 아이를 움직인다

사람을 사랑하되 그가 나를 사랑하지 않거든
나의 사랑이 부족함이 없는가를 살펴보아라. _ 맹자

아이와의 의사소통에서 아이가 부모님의 뜻을 잘못 이해했다면 그 잘못은 아이에게 있는 것이 아니라 부모님의 전달력에 문제가 있는 것입니다.

사람을 사귀는 데 있어 상대가 나에게 관심이 없다면 그 잘못은 상대에게 있는 것이 아니라 자기 자신의 관심이 상대에게 미치지 못했기 때문입니다.

내가 얻고자 함이 있다면 내 것을 먼저 주어야 합니다.

내가 먼저 선택하고 행동했다면 그 반응은 선택한 대로 나타나게 되어 있습니다.

아이를 억지로 변화시키려 하기보다 아이와 먼저 소통하십시오.

아이와의 긍정적 소통이 더 큰 변화를 이루어낼 수 있습니다.

❀ 멘탈코칭 TIP

1 아이에게 부모님이 먼저 마음을 열어 주세요.
2 사랑을 원하면 사랑을 주세요. 공부를 원하면 아이 손을 잡고 서점을 가세요.
3 아이보다 부모님이 먼저 선택하고 행동하세요.

❀ 부모 코칭 TIP

책을 두 번째 읽을 때 더 큰 공부가 된다

책의 참된 기쁨은
몇 번이고 되풀이해서 읽는 데 있다. _로렌스

21세기 지식 정보화사회에서는 지식의 양이 삶의 가치를 결정합니다.

새로운 지식을 학습할 때 뇌신경망의 기존에 존재하는 기억을 이용합니다. 새로운 책을 읽게 되면 새로운 정보가 기존의 기억시스템에 변화를 주게 됩니다.

이 변화를 더 강하게 주게 하는 공부방법이 반복입니다.

책을 반복해서 여러 번 읽게 되면 처음 읽을 때와는 다른 신경회로가 계속적으로 추가되어 책을 읽을 때마다 다른 깨달음이 계속 생겨납니다.

반복해서 책을 읽게 되면 지식의 깊이가 달라집니다.

반복 학습은 자신의 주관으로 책을 읽으면서 생겼던 생략, 왜곡, 일반화를 찾게 해주어 실제적 진실에 좀 더 가까이 접근할 수 있게 해 줍니다.

❀ **멘탈코칭 TIP**

1 책을 반복해서 읽는 훈련을 해보세요.
2 전에 봤던 영화를 다시 한번 더 보세요. 새로운 것을 다시 발견하게 됩니다.
3 두 번 읽어야 할 중요한 책을 아이와 함께 선별하세요.

❀ **부모 코칭 TIP**

의미를 바꾸면 경험이 바뀐다

손해 입은 일은 모래 위에 새겨 두고
은혜 입은 일은 대리석 위에 새겨 두라. _ 프랭클린

사람은 감정의 동물입니다. 표면적으로는 이성이 우리를 지배하는 것처럼 보이지만 실제로는 감정의 지배를 받습니다. 이성적으로는 분명히 이해하고 판단하지만 감정이 받아들이지 않으면 마음의 부조화가 일어납니다.

자신이 손해 입은 일에 대해서는 부정적인 감정 상태로 마음의 하위 양식에 연합이 되어 있어 그 일만 떠올리면 마음의 고통이 함께 느껴집니다. 그래서 그 일이 더 강하게 기억되고 잊히지 않게 되어 고통스러운 기억으로 남아있게 됩니다.

기억을 지우거나 잊히게 할 수 없다면 기억에 대한 의미를 바꾸어야 합니다. 지나간 일은 사실입니다.

그 사실은 그대로 두고 그 사실을 느끼는 마음의 상태를 변화시킨다면 마음의 고통에서 벗어날 수 있습니다.

❀ 멘탈코칭 TIP

1 아이가 손해 입은 일을 떠올리게 한 후 감정에서 분리되는 상상을 하게 하십시오.
2 관점 바꾸기를 통해 의미를 바꾸어 보십시오.
3 아이의 잠재의식에 있는 감정을 바꾸는 체험을 하게 하세요.

❀ 부모 코칭 TIP

아이의 행동과 의도를 분리하라

남을 너그럽게 받아들이는 사람은 항상 사람들의 마음을 얻게 되고
위엄과 무력으로 엄하게 다스리는 자는
항상 사람들의 노여움을 사게 된다. _ 세종대왕

아이를 코칭하는 데 있어서 단기적인 효과를 즉시 보고자 하는 성급함으로 처벌이라는 교육수단을 많이 사용하고 있습니다.

처벌은 눈앞에서 가시적인 행동 수정이 이루어지는 효과 때문에 필요 이상으로 많이 사용됨으로써 아이의 성격 형성에 부정적 영향을 미치게 됩니다.

아이의 모든 행동에는 긍정적 의도가 있음에도 불구하고 긍정적 의도는 무시한 채 아이의 행동만 보고 반응해버리는 경우 아이의 행동 수정과는 거리가 먼 '감정 단절'이라는 역풍을 맞게 됩니다.

잘못된 행동수정 이전에 아이의 긍정적 의도를 파악하여 그 의도를 충족시켜 줄 수 있는 다른 선택을 할 수 있는 유연성을 갖게 해야 합니다.

🌸 **멘탈코칭 TIP**

1 꾸중과 처벌은 최소화하십시오.
2 처벌 이전에 아이의 긍정적 의도를 알기 위한 수용성 있는 대화를 먼저 하세요.
3 다른 행동에 대한 선택을 할 수 있는 질문을 하세요.

🌸 **부모 코칭 TIP**

사랑은 두 사람이 마주 쳐다보는 것이 아니라.
함께 같은 방향을 바라보는 것이다. _ 앙투안 드 생텍쥐페리

아이 교육에 있어 사랑으로 함께할 때 각자가 갖고 있는 자원이 시너지 효과를 내면서 보다 큰 성과를 이루어내게 됩니다.

아이는 부모의 관심과 사랑을 먹고 자라는 사슴과 같은 연약한 존재입니다.

이 연약한 존재가 부모님이 함께 곁에서 지지하고 공감해줄 때 좀 더 어엿한 성인으로 성장하게 됩니다.

아직은 나약하고 빈틈이 많고 부족하지만 부모님의 믿음과 사랑 속에 무한한 성장을 위한 소중한 씨앗을 뿌리고 싹 틔우기를 하고 있습니다.

아이와 같은 위치에 서서 같은 방향을 함께 바라볼 수 있는 친구 같은 부모님이 아이를 성장시키게 됩니다.

❀ 멘탈코칭 TIP

1 아이의 모자람을 수용해 주세요.
2 아이의 상태를 공감해 주세요.
3 부모님의 사랑과 격려를 보내주세요.

❀ 부모 코칭 TIP

집중력의 프로그램을 설치하라

나는 독서하는 방법을 배우기 위해서 80년이라는 세월을 바쳤는데도
아직까지 그것을 다 배웠다고 할 수 없다. _요한 볼프강 폰 괴테

오랜 시간 책을 읽을 수 있는 태도와 습관을 뇌의 '공부회로'라고 합니다. 공부를 할 수 있는 신경회로가 만들어졌다는 뜻입니다.

책을 읽는다는 것은 현재의 책 읽기에 주의를 집중한다는 것을 뜻합니다. 주변의 여러 자극들을 차단한 채로 책 읽기를 할 수 있는 것은 책 읽는 것이 다른 정보나 자극이 전해주는 메시지보다 더 중요하다고 판단하기 때문입니다. 이때에 우리의 뇌는 중요하지 않은 정보를 걸러내고 책 읽는 것과 관련된 신경회로만 활성화시키는 주의력을 발휘하게 됩니다.

성공한 사람들은 모두가 자신이 중요하다고 생각하는 가치가 분명했습니다. 그것에 주의를 집중할 수 있는 능력이 있었습니다.

어린 나이에 책 읽는 가치가 중요하다는 것을 인식하고 책 읽기에 집중할 수 있게 되면 다른 모든 일을 하는 데 있어서 그 집중력을 그대로 사용할 수 있게 됩니다.

멘탈코칭 TIP
　1 아이에게 책은 소중한 가치가 있다는 것을 말해 주세요.
　2 책 읽기 초기에는 집중할 수 있는 환경을 만들어 주세요.
　3 한 번 형성된 책 읽기 집중력의 프로그램을 다른 곳에 실험해 보세요.

부모 코칭 TIP

부지런한 사람은 시간을 창조한다

제일 바쁜 사람이 제일 많은 시간을 가진다. _ 비네

게으른 사람들이 즐겨하는 말이 "시간이 없어서…."라는 핑계입니다. 누구에게나 시간은 똑같이 주어지지만 누구에게나 똑같은 시간은 아닙니다. 게으른 사람은 시간을 허비하며 다람쥐 쳇바퀴 도는 패턴 속에 생활을 합니다. 그래서 시간이 없습니다.

하지만 부지런한 사람에게는 24시간이 짧습니다. 열정적으로 일을 하며 자기계발을 위한 투자를 합니다. 게으른 사람은 시간에 지배당하지만 부지런한 사람은 시간을 창조할 줄 압니다.

그래서 그들은 "시간이 없어서….", "바빠서…."라는 핑계보다 시간을 만들어 버립니다. 시간을 쪼개고 여유시간을 활용하여 시간을 창조해낼 줄 아는 것입니다.

시간을 쪼개서 사용하고 아껴 사용할 수 있기 때문에 부지런한 사람에게는 시간이 더 많습니다.

🌸 **멘탈코칭 TIP**
1 시간은 누구에게나 똑같이 주어지지만 모두가 똑같은 시간을 사용하는 것은 아닙니다.
2 아이와 함께 시간을 쪼개서 사용하는 훈련을 함께 해보세요.
3 아이가 시간을 창조하는 능력을 갖도록 코칭하세요.

🌸 **부모 코칭 TIP**

알고 있는 것이 진실이 아닐 수 있다

무식한 것을 두려워하지 말라.
허위의 지식을 가지고 있음을 두려워하라. _ 괴테

"도를 도라고 말하면 그것은 이미 도가 아니다."

커뮤니케이션에서 자신의 입 밖으로 뱉는 말은 대부분 자신의 뇌에서 생략, 왜곡, 일반화의 과정을 거치기 때문에 사실과는 거리가 먼 내용이 전달되게 됩니다. 외부에서 새로운 지식과 자극이 입력되는 학습과정도 마찬가지로 자신의 필터에 생략, 왜곡, 일반화라는 과정을 거쳐서 받아들이게 됩니다. 자신이 보고 싶고 듣고 싶은 것만 우선적으로 받아들여 기존의 신경회로를 더 강화하거나 새로운 회로를 만들게 됩니다.

그런데도 사람들은 자신이 알고 있는 지식이 절대적 진리라는 착각 속에 살아갑니다. 부모님의 눈에 보이는 아이의 행동이 전부가 아닐 수 있습니다. 부모님의 신념이 절대적인 진리가 아닐 수도 있습니다.

아이의 의도와 행동을 분리할 수 있다면 아이의 마음에 좀 더 접근할 수가 있습니다.

🌸 멘탈코칭 TIP

1 우리가 하는 말의 '표현의 한계'에 대해 설명해 주세요.
2 상대의 생각과 말을 존중하도록 코칭하세요.
3 잘못된 지식을 믿었던 경험에 대해 이야기를 나누세요.

🌸 부모 코칭 TIP

웃음은 만병통치약이다

사람의 뇌는 크게 웃을 때마다 엔도르핀과 같은 몸에 좋은 호르몬을 분비합니다. 한 번 웃을 때 신체의 231개 근육과 15개의 얼굴 근육이 움직여 유산소 운동을 5분 동안 하는 효과를 낼 수 있다고 합니다.

웃음은 질병에 대한 면역력 증대와 스트레스 해소에도 도움을 줍니다.

인간관계에서도 웃음은 자신의 매력을 전하는 향기와 같은 역할을 합니다.

자연스럽게 웃는 얼굴을 어릴 때부터 생활화하게 되면 긍정의 기운과 행복이 가득한 삶이 될 것입니다.

우리는 행복해서 웃는 것이 아니라 웃을 수 있어 행복해지는 것입니다.

아이가 웃음을 배우는 첫 번째 대상이 바로 부모님입니다.

❀ **멘탈코칭 TIP**

1 크게 웃는 연습을 아이와 함께 해보세요.

2 크게 웃고 난 후 기분을 느껴보세요.

3 부모님이 먼저 웃으며 인사하는 모습을 보여주세요.

❀ **부모 코칭 TIP**

협력할 때 행복해진다

벌들은 행동하지 않고는 아무것도 얻지 못한다.
사람도 똑같다. _ 조지 러버트

　우리 몸은 모든 신체 부위가 통합적 시스템에 의해 움직입니다. 의식적이든 무의식적이든 상호보완적 협업을 통해 완벽하게 작동됩니다.

　만약 신체기관 중 하나라도 이 협업 관계를 벗어나게 되면 우리 몸 전체의 시스템에 영향을 미치게 됩니다.

　인간관계도 마찬가지입니다.

　아이가 가족, 친구와의 관계에서 상호보완적 협력관계가 중요하다는 것을 배울 수 있어야 합니다.

　그리고 누구나 혼자 살아갈 수 없기 때문에 협력은 삶의 소중한 가치라는 것을 알아야 합니다. 함께 살아가면서 서로의 장점을 높여주고 단점을 보완해주는 협력의 가치를 깨닫게 해 주세요.

　그 속에서 상호 협력을 통해 시너지 효과를 낼 수 있는 지혜를 가지게 됩니다. 함께할 때 우리는 행복해집니다.

❀ 멘탈코칭 TIP

1 아이와 함께 집단생활에 대해 이야기를 나누세요.
2 부모님이 경청하는 태도를 보여주세요.
3 아이에게 경청의 기술을 가르쳐주세요.

❀ 부모 코칭 TIP

시련과 장애물이 아이를 성장시킨다

모든 장애물이 곧 기회라는 것을 명심하고
장애물을 찾아라. _로버트 슐러

'전화위복'이라고 했습니다.

장애를 더 나은 발전을 위한 긍정적인 자원으로 바라보는 관점을 말하는 것입니다.

우리 앞에 놓인 장애와 시련의 크기가 크면 클수록 극복 후의 보상과 성과가 훨씬 더 많아지게 되는 것입니다.

위기를 기회로 만드는 발상의 전환이 필요한 것입니다.

일하지 않고 도전하지 않은 사람에게는 장애가 없습니다.

장애는 그 장애를 견디어 내고 극복할 수 있는 사람에게 주어지는 축복이라고 생각해야 합니다.

그 축복이

우리 아이를 한 단계 더 성장시켜주는 영양분이 될 것입니다.

🌸 **멘탈코칭 TIP**

1 시련과 장애는 우리를 강하게 하는 영양분입니다.
2 시련과 장애는 도전하는 사람에게 주어지는 축복입니다.
3 관점을 바꾸면 장애는 더 큰 성취를 위한 도구가 됩니다.

🌸 **부모 코칭 TIP**

사람의 마음을 얻는 기술이 경청이다

다른 사람을 설득하는 가장 좋은 도구는 우리의 귀다. _ 딘 러스크

우리는 다른 사람을 설득하기 위해 많은 말을 합니다.

긴 시간 동안 목이 아프게 이야기를 많이 해도 상대의 마음을 얻는 것이 쉽지가 않습니다.

하지만 지혜로운 사람은 상대의 이야기를 귀 기울여 들어주고 온몸으로 반응하여 경청해주면서 그 사람의 마음을 얻습니다.

경청은 상대방이 마음 깊숙이 숨겨놓은 이야기까지도 다하고 싶도록 적극적으로 들어주는 기술입니다.

아이의 말에 경청해 주기만 해도 아이와의 감정교류와 의사소통이 원만해집니다. 부모님이 말을 많이 하기보다 아이의 말을 먼저 경청하는 것이 아이를 설득하는 지혜입니다.

❀ **멘탈코칭 TIP**

1 3:2:1 대화법을 실천하세요.

(3분 동안 들어주고, 2분 동안 맞장구치며, 내 말은 1분만 한다.)

2 부모님이 경청하는 태도를 보여주세요.

3 아이에게 경청의 기술을 가르쳐 주세요.

❀ **부모 코칭 TIP**

옆길로 빠지지 않는 지지대가 필요하다

지금 잠을 자면 꿈을 꿀 수 있지만 지금 공부하면 꿈을 이룰 수 있다고 했습니다. 아이가 지금 눈앞의 편안함이나 일시적인 쾌락에 빠져 꿈과 멀어지거나 포기한다면 얼마나 억울하겠습니까?

아이의 성장환경에는 수많은 옆길이 있고 그 옆길마다 수많은 유혹이 도사리고 있습니다. 부모님의 관심과 사랑이 우리 아이가 옆길로 빠지는 유혹에 빠지지 않게 하는 지지대 역할을 할 것입니다.

부모님의 관심과 격려가 아이의 앞길을 밝히는 등불이 될 수 있게 해야 합니다.

🌸 **멘탈코칭 TIP**

1 아이의 꿈에 대해 이야기하세요.

2 꿈을 성취하기 위해 해야 할 선택은 무엇인지 물어보세요.

3 부모님의 신뢰와 사랑을 전해주세요.

🌸 **부모 코칭 TIP**

상상을 반복하면 꿈은 이루어진다

오랫동안 꿈을 그리는 사람은 마침내 그 꿈을 닮아간다. _ 앙드레 말로

아이가 진정으로 원하는 것을 지속적으로 상상하게 되면 상상이 현실로 이루어집니다. 반복적인 생각과 상상이 뇌에 신경회로를 만들게 되면 아이의 잠재의식은 그것을 현실로 만들기 위해 일을 하게 됩니다.

우리 뇌는 어떤 것이든 입력만 하게 되면 그대로 프로그래밍되어 행동 변화에 영향을 미칩니다.

아이가 자신이 원하는 꿈을 계속 상상하게 해주세요. 그러면 그 꿈과 관련된 모든 신경회로가 활성화되면서 마침내 그 꿈이 현실로 바뀌어 갑니다.

아이가 자신의 꿈을 반복적으로 마음에 새기며 열정적으로 노력한다면 그 꿈은 현실이 될 것입니다.

반복적으로 상상하면 그 꿈은 반드시 이루어집니다.

❀ **멘탈코칭 TIP**
1 꿈을 반복해서 상상하게 하세요.
2 꿈을 이룬 자신의 행복한 느낌을 상상하게 하세요.
3 꿈은 이루어진다는 성공 신념을 갖게 해 주세요.

❀ **부모 코칭 TIP**

너무 많은 것은 부족한 것보다 못하다

너무 많다는 것은 부족하다는 것을 의미한다. _로맹 롤랑

너무 과하게 많은 것은 부족한 것보다 못합니다. 너무 과해서 나쁜 결과를 얻는 예는 얼마든지 많습니다. 적절한 스트레스는 몸에 좋지만 심한 스트레스는 모든 질병의 원인이 됩니다.

무엇이든 너무 넘치지 않는 것이 좋습니다.

넘치게 되면 부작용이 생기게 됩니다.

성장기 아이의 마음과 몸은 균형이 중요합니다.

너무 과하게 넘치는 것은 정상적인 균형을 무너뜨려 성장에 나쁜 영향을 미치게 됩니다.

아이가 비정상적인 상태에 반복 노출되면 나쁜 습관과 패턴을 형성하게 됩니다. 나쁜 습관과 패턴이 지속되면 아이의 성격이 부정적으로 변해 가게 되는 것입니다.

❀ 멘탈코칭 TIP

1 너무 과하면 나쁜 결과를 얻게 되는 것에 어떤 것이 있는지 생각해 보세요.
2 너무 과한 상태가 반복되지 않게 하세요.
3 아이에게 너무 과한 행동이 있는지 찾아보세요.

❀ 부모 코칭 TIP

친구는 함께하며 닮아간다

가장 좋은 거울은 오래 사귄 친구이다. _ 조지 허버트

옛말에 그 사람을 알고 싶으면 그 사람의 벗을 보면 된다고 했습니다.

아이는 낯설고 이질적인 것에는 경계하고 불편해합니다. 자신과 비슷한 점이 많거나 일치하는 면이 많은 사람과 만날 때 가장 편안해합니다.

친구와 가족과 지낼 때 편안한 것은 바로 이 동질성 때문입니다.

그래서 친구를 사귈 때 자신과 비슷한 친구와 가깝게 지내고 싶어 합니다. 그리고 친구와 함께 있는 시간이 많아지면서 서로가 많이 닮아가게 됩니다.

거울뉴런은 친구의 말과 행동을 보고 그대로 받아들여 내면화시킵니다.

때로는 비슷해서 친구가 되기도 하지만 친구이기 때문에 함께하며 더 비슷하게 닮아 가게 되는 것입니다.

🌸 멘탈코칭 TIP

1 좋은 친구를 많이 사귀게 하세요.

2 친구의 장점을 찾을 수 있게 코칭해 주세요.

3 아이 자신이 좋은 친구를 만든다는 사실을 알 수 있게 이야기해 주세요.

🌸 부모 코칭 TIP

효는 부모님을 생각하는 마음이다

나무가 뿌리 없이 성장할 수 없듯이 부모님이라는 뿌리 없이 아이가 존재할 수 없습니다. 아이는 부모님이라는 뿌리에서 보내주는 영양인 관심과 사랑을 먹고 자랍니다.

부모님의 관심과 사랑에 감사하고 부모님을 생각하는 마음을 '효'라고 합니다. 효는 부모님의 큰 사랑에 감사하고 은혜 갚는 마음입니다.

효를 모든 행동의 근본으로 삼는 이유는 자신의 존재를 만들어준 뿌리에 대한 기본 도리이기 때문입니다.

효를 행하는 아이는 자신의 뿌리를 알고 행동하는 사람이기 때문에 다른 사람으로부터 신뢰를 얻기 쉽습니다.

그 신뢰가 아이를 곧고 바르게 성장할 수 있게 하는 좋은 영양이 될 것입니다. 효의 실천은 부모님을 생각하는 마음에서부터 시작합니다.

효는 부모님을 생각하는 마음입니다.

❀ **멘탈코칭 TIP**

1 효는 부모님을 생각하는 마음이라는 것을 알게 해 주세요.
2 그 마음을 표현하도록 코칭해 주세요.
3 어떤 말과 행동이 '효'인지 알 수 있게 코칭해주세요.

❀ **부모 코칭 TIP**

아이의 장점을 찾아 칭찬하라

최고의 리더는 칭찬하고 격려하는 리더이다. _ 제임스 쿠제스

인간은 고통보다 쾌락을 좋아하는 뇌를 가지고 있습니다.

아이의 뇌도 고통을 회피하고 쾌락을 추구하도록 세팅되어 있습니다.

꾸중이나 비난은 고통으로 받아들이고 칭찬과 격려는 쾌락으로 인식합니다.

그래서 칭찬해주는 사람을 좋아하고 더 따르게 됩니다.

아이의 마음을 얻고 싶다면 아이의 장점에 대해 칭찬을 해 주면 됩니다.

칭찬받은 아이는 부모님의 마음과 사랑을 온전히 받아들입니다.

마음의 문을 활짝 열고 긍정적 관계를 형성하게 되는 것입니다.

아이는 부모님으로부터 물질적인 보상을 받아 행복한 것이 아니라 부모님의 간단한 칭찬 한마디에 더 많이 행복하고 더 많이 성장해 갑니다.

🌸 **멘탈코칭 TIP**

1 하루에 한 번 이상 아이를 칭찬해 주세요.

2 아이를 칭찬할 일이 없다면 칭찬할 일을 만드세요.

3 칭찬을 할 때는 과정까지도 함께 칭찬해 주세요.

🌸 **부모 코칭 TIP**

지혜로운 사람은 기회를 만든다

지혜로운 사람은 기회를 찾기보다 기회를 만들어 낸다. _프랜시스 베이컨

준비된 사람에겐 기회가 찾아오고 지혜로운 사람은 기회를 만들어냅니다. 기회는 누구에게나 공평하게 주어진다고 합니다.

하지만 현실이 그렇지 못하다는 것은 어린아이도 알고 있습니다. 기회는 특별한 사람에게만 주어지는 특혜입니다. 소수의 선택받은 사람에게만 기회가 돌아갑니다.

그 선택받은 소수의 사람은 기회를 끌어들이는 준비가 된 사람입니다.

기회는 준비된 사람에게 미소 지으며 찾아옵니다.

지혜로운 사람은 기회가 찾아오지 않더라도 자신이 기회를 찾거나 기회를 만들어내는 능력을 갖고 있습니다.

🌸 **멘탈코칭 TIP**

1 기회는 우리 주변을 계속 기웃거리고 있음을 알게 해 주세요.

2 아이가 선택받은 소수가 되게 하세요.

3 지식을 경험하게 하여 지혜를 갖추게 하세요.

🌸 **부모 코칭 TIP**

마음을 바꾸면 대부분의 질병이 낫는다

질병은 몸의 고장이 아니라
마음의 고장이다. _ 에디 부인

인간은 자신의 뇌를 10%도 사용하지 못한다고 합니다. 10%밖에 사용하지 못하는 상태에서 부정적인 말과 생각을 80%정도 합니다. 결국 긍정적인 생각과 말은 전체 뇌의 2%정도밖에 사용하지 못하고 있는 실정입니다.

아이가 부정의 생각과 말을 자주 사용하면 마음에 부정의 에너지를 만들고 그 에너지가 부정의 상태와 결과를 창조합니다.

이 부정의 상태가 우리 몸을 병들게 합니다. 몸에 생기는 병의 80%가 마음의 병이라고 합니다. 우리가 사용하는 80%의 부정적인 말과 생각이 마음과 몸을 병들게 하고 있습니다.

마음을 바르게 사용하는 방법만 알아도 질병의 80%는 자연 치유가 된다는 말입니다.

🌸 멘탈코칭 TIP

1 긍정의 생각을 많이 하게 하세요.
2 긍정의 말을 많이 들려주세요.
3 긍정의 마음이 건강을 지켜줍니다.

🌸 부모 코칭 TIP

시간을 기다리지 말라

시간이 해결해 준다는 말이 있긴 하지만,
실제로 일을 변화시켜야 하는 것은 바로 당신이다. _ 앤디 워홀

어떤 문제에 대해 시간이 해결해 주길 기다린다면 오히려 시간에 지배를 당하게 됩니다. 우리는 일반적으로 "지금은 힘들지만 시간이 지나면 괜찮아질 거야." 라는 이야기를 많이 합니다.

그럴 수도 있습니다. 어떤 일은 시간이 해결해 주고 또 어떤 일은 시간이 필요하기도 합니다.

하지만 아무 변화와 노력 없이 시간이 지난다고 문제가 해결되는 것은 아닙니다. 자기 자신의 변화가 전제되지 않은 시간의 흐름은 어떤 성취도 이룰 수 없습니다.

무작정 시간을 기다려서는 안 됩니다.

자신의 가치를 높이는 노력과 땀으로 시간을 활용하는 지혜로운 사람만이 세상과 다른 사람을 변화시킬 수 있는 힘을 가질 수 있습니다.

❀ 멘탈코칭 TIP

1 시간을 어떻게 사용하는 게 좋은지 이야기를 나눠 보세요.
2 시간을 낭비한 기억에 대해 이야기를 나눠 보세요.
3 자신의 변화를 위해 지금 당장 무엇을 해야 하는지 질문해 보세요.

❀ 부모 코칭 TIP

스트레스는 아이의 자원을 못 쓰게 한다

작은 구멍이 배를 침몰시키고
죄 한 가지가 사람을 파멸시킨다. _존 비니언

21세기 새로운 과학은 인간의 두뇌가 다른 신체기관과 마찬가지로 신체의 일부라는 것을 밝혀내고 있습니다.

몸의 근육처럼 자주 사용하면 발달하고 사용하지 않으면 점차 퇴화해서 소멸해 간다는 것입니다.

아이의 두뇌는 아직도 발달단계로서 역동적이며, 민감하면서도 활력 있는 성장 과정에 있습니다.

이 시기에 부정적 학습과 경험을 하게 되면 스트레스를 잘 받는 아이로 성장합니다.

아이가 스트레스에 지속적으로 노출되면 뇌에서는 스트레스를 정상적인 상태로 착각하게 되어 계속 스트레스 상태를 유지하게 됩니다.

이런 스트레스 상태에서 성장하는 아이는 긍정적 자원과 가능성을 사용할 수 없는 상태가 됩니다.

🌸 멘탈코칭 TIP

1 운동을 규칙적으로 하게 하세요.
2 긍정적인 이야기를 많이 들려주세요.
3 스트레스를 억압시키지 마세요.

🌸 부모 코칭 TIP

아침잠은 시간의 지출이며
이렇게 비싼 지출은 달리 없다. _ 데일 카네기

하루 일과를 마치고 잠을 자는 동안에 우리 몸과 마음은 피로를 회복하고 하루 동안의 기억을 정리·정돈하는 시간을 갖게 됩니다.

그리고 잠을 자는 동안 몸은 고갈된 기운과 에너지를 보충하기 때문에 잠을 깨는 새벽 시간에는 몸의 기운이 가득차고 뇌도 안정된 수용성을 가지게 됩니다. 이렇게 최적화된 몸 상태 때문에 새벽에 하는 공부와 일이 효율성이 높은 것입니다.

새벽에 하는 한 시간의 공부가 저녁에 하는 두 시간의 공부보다 더 효과가 좋은 이유입니다.

어릴 때부터 아침에 일찍 일어나는 습관을 갖도록 부모님과 함께 아침 운동을 하는 것도 좋습니다.

아침잠을 많이 잔다는 것은 삶의 소중한 자원을 활용하지 못하고 버리는 것과 같습니다.

❀ 멘탈코칭 TIP

1 일찍 자는 습관을 갖도록 코칭해 주세요.
2 취침 전과 잠에서 깬 후 30분씩 책 읽는 습관을 갖게 해 주세요.
3 가족이 함께 아침운동을 하세요.

❀ 부모 코칭 TIP

신경가소성은 어릴수록 높다

배우지 않으면 곧 늙고 쇠한다. _ 주자

아이의 두뇌는 가소성과 탄력성을 동시에 갖고 있으며 새로운 배움을 통해 계속 변화합니다.

아이의 두뇌 신경회로는 미리 정해져 있거나 고정된 것이 아니라 학습과 훈련을 통해 발달되며 재배열되기도 합니다.

두뇌의 탄력성은 나이가 들면서 감소하지만 노인의 뇌도 새로운 학습과 자극이 주어지게 되면 새로운 회로를 생성하거나 기존에 사용하지 않던 자원을 활용할 수 있는 상태로 활성화됩니다.

한창 성장기에 아이의 경우는 뇌 발달이 빠르게 진행됩니다.

이 시기에 자주 사용하고 반복적으로 경험하는 정보와 관련된 신경회로는 더욱 활성화되며 사용하지 않은 회로는 점차 소멸되어 갑니다.

가소성은 어릴수록 높기 때문에 어릴 때 책을 많이 읽게 하고 운동을 많이 시켜야 두뇌 발달에 도움이 됩니다.

❀ **멘탈코칭 TIP**

1 책을 많이 읽게 하세요.
2 아이와 대화를 많이 나누세요.
3 운동과 야외체험 활동을 많이 시키세요.

❀ **부모 코칭 TIP**

한마디의 말이 마음을 바꾼다

말 한 마디는 많은 책 중의 한 권보다 더 낫다. _ 쥘 르나르

입 밖으로 내뱉은 말에는 마음이 묻어 있습니다.

마음에서 말이 나오고 말이 마음을 움직입니다.

마음을 움직이게 하는 힘이 말에 있는 것입니다.

아이가 듣는 말과 하는 말 모두가 자신의 뇌에 특정한 의미와 연합하여 프로그래밍됩니다. 아이의 모든 행동은 마음에 프로그래밍된 결과가 나타나는 것입니다.

간절히 원하는 마음을 말로 표현하면 두 배의 힘을 갖게 됩니다.

자신의 꿈과 성공 신념을 말로 표현하게 되면 외부 환경과 반응하여 현실로 만들어집니다.

부모님이 들려주는 삶의 지혜나 교훈적인 말 한 마디가 아이 뇌에 그대로 프로그래밍되어 행동을 변화시킵니다. 부모님의 값진 말 한마디가 두꺼운 한 권의 책보다 더 아이의 삶에 도움이 됩니다.

❀ **멘탈코칭 TIP**

1 어떤 말이 힘을 갖게 되는지 함께 이야기를 나누세요.

2 아이의 꿈에 대해 함께 이야기를 나누세요.

3 비유법으로 삶의 교훈을 얻게 해 주세요.

❀ **부모 코칭 TIP**

마음의 하위 양식을 바꾸어라

마음이 상쾌하면 하루 종일 걸을 수 있고
마음에 괴로움이 있으면 십 리 길에도 지친다. _ 셰익스피어

마음의 상태를 만드는 것은 기억입니다. 어떤 언어가 뇌에 입력될 때 특정한 신경적 반응을 일으킬 수 있는 감정이나 정서가 프로그래밍되어 기억됩니다. 이것을 마음의 하위양식이라고 합니다.

그 기억들이 현재 마음의 상태를 만듭니다. 똑같은 상황에서 사람들마다 마음이나 기분 상태가 다른 것은 저마다 하위양식의 기억 형태가 다르기 때문입니다.

어릴 때부터 부모님의 관심과 사랑 속에서 격려받고 자라게 되면 긍정의 하위양식이 활성화되어 긍정적인 마음 상태를 만들게 되어 세상을 밝게 봅니다.

반대로 비난과 꾸중 속에 성취 경험을 못하고 성장하면 부정의 하위양식이 활성화되어 세상을 어둡고 힘들게 경험하는 부정적인 마음 상태가 됩니다.

🌸 **멘탈코칭 TIP**

1 아이의 마음상태를 만드는 부정적 하위양식을 찾아보세요.
2 아이의 마음상태를 만드는 긍정적 하위양식을 찾아보세요.
3 긍정과 부정 중 어떤 하위양식이 더 많은지 체크해 보세요.

🌸 **부모 코칭 TIP**

회로가 만들어지면 함께 사용한다

공부가 인생의 전부는 아니다.
그러나 인생의 전부도 아닌 공부 하나도 정복하지 못한다면
과연 무슨 일을 할 수 있을까? _ 하버드 공부벌레들의 좌우명

고속도로를 만들면 수많은 종류의 차들이 달리게 됩니다. 우리 마음에도 새로운 공부와 경험에 의해 신경회로가 만들어지면 그 회로로 여러 정보들이 이동합니다. 자신이 경험했던 수많은 기억에 의해 만들어진 신경회로를 이용해서 새로운 경험을 하고 정보를 처리합니다.

아이가 하는 모든 공부와 운동이 뇌에 회로를 만듭니다. 공부를 하면서 만들어진 회로가 운동을 배울 때 활용됩니다.

마찬가지로 운동을 통해 형성된 회로를 이용해 공부를 하게 되면 학습 효과가 높아집니다. 운동을 하는 아이가 공부를 잘하는 것은 바로 이 회로 때문입니다.

특히 어릴 때의 다양한 성취 경험이나 부모님의 격려가 신경회로를 만들게 되면, 그 회로를 활용해서 자신의 긍정적 자원을 더 많이 사용할 수 있는 상태가 됩니다.

🌸 멘탈코칭 TIP

1 아이의 고속도로에는 어떤 차들이 다니는지 함께 알아보세요.
2 기억이 없다면 새로운 학습이 힘든 이유를 알아보세요.
3 공부회로가 만들어지면 어떤 변화가 있을까요?

🌸 부모 코칭 TIP

모든 행동은 마음에 프로그래밍된 결과이다

교육이란, 알지 못하는 바를 알도록 가르치는 것이 아니라,
사람들이 행동하지 않을 때 행동하도록 가르치는 것이다. _마크 트웨인

우리는 교육을 통해 자신을 업그레이드할 수 있습니다. 변화를 원한다면 배워야 합니다. 공부는 학생 때에만 하는 것이 아닙니다. 평생을 공부하며 살아가는 것이 인생입니다. 사람을 변화시킬 수 있는 것은 교육뿐입니다. 우리는 교육을 통해 지식 습득과 행동하는 법을 배우게 됩니다.

교육은 살아가는 데 필요한 중요한 지식을 축적하는 역할도 하지만 그 지식을 지혜로 만드는 행동과 경험을 할 수 있게 해주는 촉매 역할을 해줍니다.

특히, 어린 시기에 받는 교육은 뇌의 프로그래밍 작업이라고 할 수 있습니다. 어떤 행동이든 그 행동에는 프로그래밍된 마음이 있습니다.

❀ **멘탈코칭 TIP**

1 지식의 소중함에 대해 함께 대화하세요.

2 교육을 통해 자신이 변했던 경험에 대해 이야기를 나누세요.

3 마음과 행동의 관계에 대해 이야기를 나누세요.

❀ **부모 코칭 TIP**

사용하지 않는 신경회로는 소멸한다

쇳덩이는 사용하지 않으면 녹이 슬고
물은 썩거나 추위에 얼어붙듯이
재능도 사용하지 않으면 녹슬어 버린다. _ 레오나르도 다빈치

우리는 가까이 있으면서 자주 만나는 사람과 이야기도 많이 하고 더 친해집니다. 마찬가지로 뇌세포도 서로 비슷하거나 연결이 되어 있는 회로가 더 친하게 지냅니다. 서로 친하지 않은 뉴런은 연결이 약화되거나 끊어지게 됩니다. 신경회로는 다른 것들과 생존 경쟁을 벌이는데, 환경에 가장 잘 적응한 회로만 살아남게 됩니다. 우리 몸도 사용하지 않으면 쇠퇴하듯이 신경회로도 사용하지 않으면 소멸합니다. 결국 자극받거나 강화되지 않으면 연결은 적응하지 못한 채 서서히 약해지다가 결국엔 소멸하게 되는 것입니다.

아이의 바른 행동에 부모님의 관심과 격려가 없다면 그 행동은 점점 줄어들게 됩니다. 아이는 부모님의 관심과 격려 속에 긍정의 회로가 만들어져가는 성장 과정입니다. 아이의 행복과 성취를 위한 건강한 마음과 몸을 만드는 것은 부모님의 관심과 격려입니다.

🌸 멘탈코칭 TIP

1 운동 습관을 통해 건강한 신경회로를 많이 연결해 주세요.
2 긍정적인 말을 많이 들려주세요.
3 좋은 친구들과 체험활동을 많이 할 수 있게 하세요.

🌸 부모 코칭 TIP

긍정의 신념이 세상을 밝게 보게 한다

가장 현명한 사람은 큰 불행도 작게 처리하며
어리석은 사람은 조그마한 불행도 현미경으로 확대하여
스스로 큰 고민 속에 빠진다. _ 리 로시코프

부모님이 규칙적으로 아이에게 기쁘고 행복한 반응을 보이면 아이의 긍정적 뇌 회로가 강화됩니다. 한번 형성된 긍정 회로가 반복 강화되면 아이의 신념이 됩니다.

이 긍정의 신념은 아이가 세상을 밝게 희망적으로 볼 수 있게 해 줍니다. 그리고 걱정과 불행 때문에 아이의 마음이 다치지 않게도 해 줍니다.

반면에 부모님이 반복적인 폭언이나 고함을 지르는 반응을 보이게 되면 아이는 긍정적 회로가 차단되면서 공포회로를 강화하게 됩니다.

어릴 때 부모님으로부터 조건 형성된 회로가 어떤 것인가에 따라 전혀 다른 삶을 살아가게 됩니다.

아이가 행복한 삶을 살아가기를 바란다면 부모님이 먼저 행복한 삶을 살아가는 모습을 보여 주어야 합니다.

🌸 **멘탈코칭 TIP**

1 아이에게 긍정적인 반응을 보여주세요.
2 긍정적인 반응을 반복하고 지속해 주세요.
3 부모님의 행복한 모습을 보며 자랄 수 있게 해 주세요.

🌸 **부모 코칭 TIP**

긍정적 언어를 강화하라

말은 뇌신경과 연결되어 있어 내적인 심리적 프로그램과 행동에 상관이 있습니다. 또한 말의 영향을 받는 마음은 몸과 하나로 연결되어 심신 상관성을 갖고 있습니다.

아이가 성장 과정에서 사용하거나 듣는 말에 의해 인성이 만들어져 갑니다. 그래서 부모님은 아이에게 긍정의 말을 많이 사용해야 합니다.

축복, 축하, 격려, 사랑과 관련된 긍정적 언어 사용은 긍정적 경험으로 저장되기 때문입니다.

부모님은 아이에게 부정의 말을 사용하지 말아야 합니다. 저주, 비난, 악담, 비판과 관련된 부정적 언어 사용은 부정적 경험으로 저장되어 그와 관련된 회로를 강화시켜 버립니다.

부모님의 말이 우리 아이를 만듭니다. 부모님이 들려주는 긍정적인 말이 우리 아이를 밝고 건강하게 자라게 하는 거름이 됩니다.

❀ 멘탈코칭 TIP

1 아이에게 긍정의 말을 많이 들려주세요.
2 아이가 긍정의 말을 하도록 유도하세요.
3 말이 마음을 만들고 마음이 행동을 만드는 원리를 설명해 주세요.

❀ 부모 코칭 TIP

긍정적 의도를 알면 다른 선택이 가능하다

국가 간의 전쟁도
우리가 이웃과 다투는 것과 같은 이유로 시작된다. _ 미셸 드 몽테뉴

아이의 모든 행동에는 긍정적 의도와 목적이 있습니다. 아이의 행동은 언제나 자신에게 가치 있는 무엇인가를 성취하고자 합니다.

그런데도 부모님은 아이의 행동만 보고 판단하려 합니다.

부모님은 아이의 행동 뒤에 숨어 있는 긍정적인 의도와 목적을 볼 수 있어야 합니다.

만약 아이의 행동이 부정적으로 보인다면 아이의 행동만 보고 긍정적 의도를 보지 못했기 때문입니다.

대부분의 갈등과 다툼은 아이의 긍정적 의도를 못 보기 때문에 생기는 것입니다.

부모님이 아이의 목적과 의도를 긍정적으로 바라볼 수만 있다면 더 나은 선택과 방법으로 아이를 변화시킬 수 있을 것입니다.

❁ 멘탈코칭 TIP

1 아이의 목적과 의도를 먼저 파악하세요.
2 아이가 어떻게 최선을 다했는지 이해하세요.
3 더 좋은 선택과 방법이 있는지 질문하세요.

❁ 부모 코칭 TIP

억지로 하는 공부가 기억을 해친다

억지로 하는 공부는 짧게는 학습 효과가 나타나지만 길게 보면 공부에 대한 잠재의식 차원의 거부감과 저항으로 학습 효과가 오히려 떨어지게 됩니다.

메마른 땅에 비가 내리면 촉촉이 젖어들어 땅속 깊이 물이 스며들지만 콘크리트 바닥에는 물이 스며들지 못합니다. 공부에 대한 수용성이 없는 상태에서 강압적인 공부는 오히려 역효과를 보게 됩니다.

아이가 공부에 대한 열정을 갖도록 해 주어야 합니다. 아이가 공부에 대한 열정을 가질 때 학습한 모든 것이 흡수되어 장기기억으로 저장됩니다.

공부에 대한 열정은 구체적인 목표와 사명에서 나옵니다.

아이가 사명과 목표를 갖도록 긍정적 정보제공과 성공체험을 많이 갖게 해야 합니다.

🌸 멘탈코칭 TIP

1 공부가 안될 때 잠시 쉬고 운동을 하도록 해 주세요.
2 성취 경험을 많이 갖게 해 주세요.
3 아이의 사명과 목표의식을 고취시켜 주세요.

🌸 부모 코칭 TIP

아이와 함께하는 시간을 늘려라

우리의 의식은 가깝게 생활하는 사람과의 관계 속에서 소통하며 신경 회로를 강화하거나 변화시킵니다.

지금 현재 자신과 함께 있는 사람의 영향을 우리는 가장 많이 받게 됩니다. 그래서 '멀리 있는 친척보다 가까이 있는 이웃이 더 낫다.'는 말이 있는 것입니다. 가까이 있는 사람들과의 커뮤니케이션을 통해 얻게 되는 정보들이 우리의 마음을 가득 채우게 되는 것입니다.

부모와 자식, 부부, 친구, 소중한 사람들과 자주 만나거나 연락을 하며 생활해야 합니다.

오랜 시간 단절되면 마음도 멀어집니다. 마음이 멀어지면 몸도 더 멀어지게 됩니다. 이것이 부모님이 아이와 함께하는 시간을 많이 가져야 하는 이유입니다.

❀ **멘탈코칭 TIP**

1 아이와 함께하는 시간을 더 많이 가지세요.

2 멀리 있는 소중한 사람이 있는지 살펴보세요.

3 직접 만남 이외에 소통을 위한 다양한 방법에 대해 이야기를 나누어 보세요.

❀ **부모 코칭 TIP**

아이를 분석하려 하지 말고 수용하라

물이 너무 맑으면 고기가 살지 못하고
사람이 너무 살피면 친구가 없다. _ 맹자

아이는 부모와의 관계 속에서 살아갑니다. 부모님과 다른 생각을 갖고 다른 행동을 하며 다르게 생활합니다. 하지만 부모님은 자신의 기준으로 아이를 이해하고 받아들이려 합니다. 그래서 부모님 자신과 다른 행동을 하는 아이를 분석하고 비판하려 합니다.

자기중심적 사고를 갖고 아이를 대하다 보면 아이의 단점이 더 잘 보이게 되어 부정적인 언어 사용이 늘어나고 관계도 더 멀어집니다.

때로는 아이의 모자란 부분을 모른 채 넘어가는 것이 아이 스스로 모자람을 채울 수 있는 기회를 주는 현명한 코칭이 될 수가 있습니다.

교육의 원칙도 중요하지만 아이에게 더 필요한 건 유연성 있는 부모님의 코칭입니다.

🌸 **멘탈코칭 TIP**

1 아이의 장점을 찾아보세요.

2 아이의 입장에서 긍정적 의도를 이해하세요.

3 아이 스스로 자신을 다듬을 수 있는 기회를 주기 위해 기다려 주세요.

🌸 **부모 코칭 TIP**

좋은 습관이 좋은 사람을 만든다

위대한 것은
결코 어느 날 갑자기 이루어지지 않는다. _에픽테토스

역사적으로 웅장하고 위대한 건축물 중에 짧은 시간에 지어진 것은 없습니다. 오랜 시간 수많은 사람들의 땀과 피로 완성됩니다.

영화, TV에 출연하는 배우는 자신이 맡은 역을 잘하기 위해 수십, 수백 번 이상의 연습을 합니다. 화려함 뒤에는 수많은 연습과 땀이 숨겨져 있습니다.

어느 날 갑자기 축구실력이 좋아져 월드컵에 나가는 선수는 없습니다. 몇 만 번 이상의 슈팅과 드리블, 체력훈련을 거쳐 세계적인 선수가 될 수 있는 것입니다.

성공한 사람에게 '대충'이라는 단어는 존재하지 않습니다. 최선이 있을 뿐입니다. 아이가 어떤 일을 할 때 최선을 다하는 태도와 노력하는 자세를 갖게 하고 습관이 되게 해야 합니다. 아이의 좋은 습관이 좋은 삶을 만들기 때문입니다.

❀ 멘탈코칭 TIP

1 위대한 건축물을 아이와 함께 찾아보세요.
2 성공한 연예인의 성공비결이 무엇인지 알아보세요.
3 성공한 스포츠 선수의 훈련 과정을 알아보세요.

❀ 부모 코칭 TIP

지혜로운 사람은 자신의 능력을 더 키운다

준비된 사람에겐 기회가 찾아오고 지혜로운 사람은 기회를 창조합니다. 감나무 밑에 누워 입을 벌리고 있다고 감이 입 안으로 떨어지지 않습니다.

자신의 변화를 위한 행동 없이 좋은 일이 생기기만을 기다리는 것은 게으른 사람이 바라는 요행일 뿐입니다.

지혜로운 사람은 자신의 능력을 더 키웁니다.

자신의 능력이 자신감과 신념으로 승화될 때 더 많은 기회가 보이고 그 기회를 자신의 것으로 만들 수 있습니다.

우리 아이의 삶에 더 많은 기회를 부여하기 위해 어릴 때부터 꾸준히 자신을 다듬고 실력을 키우는 교육 환경을 만들어야 합니다.

❀ **멘탈코칭 TIP**

1 어릴 때 책 읽는 습관이 평생을 갑니다.
2 아이의 뇌에 공부회로와 운동회로를 만들어 주세요.
3 지식이 지혜가 되도록 많은 체험활동에 참가시키세요.

❀ **부모 코칭 TIP**

언어 습관은 부모가 들려주는 유산이다

한 장소에서 불만을 내뱉는 사람이
다른 장소에 가서 긍정적인 말을 꺼낸다는 것은
거의 말도 안 되는 것이다. _ 이솝

나에게 와서 다른 사람 흉을 보는 사람은 내가 없을 때 다른 사람 앞에서 나의 흉을 볼 사람입니다. 그것은 그 사람의 마음에 남을 비방하는 프로그램이 깔려있어서 자신도 모르게 남의 흉을 보게 되는 것입니다.

우리 마음에 깔려있는 부정적인 프로그램을 바꾸지 않으면 부정적인 생각과 말이 자신을 지배하게 되어 부정의 결과를 얻게 됩니다.

어릴 때부터 남의 장점을 찾고 그 장점을 칭찬하는 아이로 자라게 해야 합니다. 그러려면 습관을 몸에 배게 할 수 있는 부모님의 태도와 행동을 보여주어야 합니다.

아이는 부모의 언어 습관을 그대로 닮아가기 때문입니다.

🌸 **멘탈코칭 TIP**

1 아이 앞에서 다른 사람 칭찬을 많이 하세요.
2 샌드위치 피드백으로 긍정의 신경회로를 만들어 주세요.
3 긍정의 단어는 어떤 것이 있는지 아이와 찾아보세요.

🌸 **부모 코칭 TIP**

생각을 바꾸면 세상이 바뀐다

우리의 인생은 우리의 생각이 만드는 것이다. _ 마르쿠스 아우렐리우스

반복적인 생각이 쌓여 마음이 되고 마음이 행동을 만듭니다. 행동이 습관이 되고 습관이 쌓이게 되면 '제2의 천성'이 되어 우리의 삶을 만들게 되는 것입니다.

생각은 에너지입니다. 생각만으로 우리의 신체적, 생리적 변화를 일으킬 수 있습니다. 뿐만 아니라 생각이 외부로 연결되면서 다른 사람과 세상을 변화시키는 에너지가 되기도 합니다.

생각을 바꾸면 자신이 변화할 수 있습니다.

생각을 바꾸면 세상을 바꿀 수도 있습니다.

긍정적인 생각을 하게 되면 긍정의 에너지가 생깁니다.

아이의 긍정적인 생각은 부모님의 긍정적인 말에서부터 시작됩니다.

❀ 멘탈코칭 TIP

1 할 수 있다는 생각이 할 수 있게 만듭니다.
2 아이의 행복한 삶을 위해 긍정적인 말을 많이 해 주세요.
3 반복적인 생각만으로 변화할 수 있는 것이 무엇인지 아이와 함께 알아보세요.

❀ 부모 코칭 TIP

어떤 경우든 부정적인 면보다는
긍정적인 면을 발견하도록 하라. _ 앤드류 우드

아이는 부모님과 스승이 보여 주는 믿음의 크기만큼만 성장한다고 합니다. 이 믿음은 언어로 표현되며 아이는 그 언어에 반응하여 자신의 상태를 조절하고 형성하게 됩니다.

아이가 듣고 싶어 하는 언어는 인정과 칭찬의 말입니다.

아이의 행동을 수정하기 위해 부모님이 사용하는 부정적 언어는 아이가 안되는 원인을 찾아 스스로 부정의 사슬에 묶여 버리는 부작용을 만듭니다.

어떤 경우이든 부모님은 아이의 긍정적인 면을 찾아야 합니다.

그리고 긍정의 언어로 코칭해 주어야 합니다.

하루에 3번 이상 아이를 인정해 주고 칭찬해 준다면 아이는 놀랄 만큼 성장하게 됩니다.

🌸 **멘탈코칭 TIP**

1 "좋아요.", "잘했어요."라고 해 주세요.

2 못할 때는 "괜찮아, 좋아지고 있어."라고 말해 주세요.

3 실패했을 때 "좋은 경험이 됐어!", "최선을 다했어."라고 격려해 주세요.

🌸 **부모 코칭 TIP**

코칭은 아이의 씨앗을 키우는 과정이다

코칭은 아이의 '자아실현'을 서포트하는 시스템으로서 외부 환경의 직접적 도움보다 아이의 내부에 이미 잠재되어 있는 강점을 발견하고 성장시켜 스스로 문제를 해결하고 성취할 수 있는 씨앗을 키우는 것입니다.

또한 아이가 이미 갖고 있는 무한한 상상력과 잠재력을 활용하여 목표와 비전, 사명의 씨앗을 뿌리는 과정입니다.

사람은 전 생애에 걸쳐 발달합니다.

특히 아동기는 신체적 성장과 더불어 정신적 성숙이 균형 있게 발달해 가는 매우 중요한 시기라고 할 수 있습니다.

이 시기에 훌륭한 멘토를 만나 지혜와 신뢰를 얻고 더 넓은 세계를 볼 수 있는 삶의 비전과 사명을 찾는다면 아이들은 보다 큰 성취와 행복을 이루어 나갈 것입니다.

부모님이 아이의 첫 번째 멘토입니다.

🌸 멘탈코칭 TIP

1 아이에게는 무한한 가능성의 씨앗이 있습니다.
2 아이 마음속에는 성취자원이 이미 가득합니다.
3 부모님이 아이 곁에서 언제나 큰 버팀목 역할을 할 것이란 믿음을 전해 주세요.

🌸 부모 코칭 TIP

아이는 인격체로서 존중의 대상이다

단점을 찾기는 쉽지만
그것을 고치는 것은 쉽지 않다. _플루타르코스

아이는 인격체로 존중의 대상이지 통제나 관리의 대상이 아닙니다.

일부 잘못된 관계 개념을 갖고 있는 부모님은 아이의 단점에 초점을 맞추고 아이를 통제해야 한다는 생각을 갖고 있습니다.

아이는 모든 면에서 아직 미완성된 존재이므로 부족함이 많습니다.

아이의 신체적, 정신적, 경제적, 사회적으로 미약한 상태를 이용하여 상호 존중의 관계가 아닌 '상하관계', '주종관계', '일방통행'적인 관계가 되면 창의성, 감정 표현이 부족한 아이로 성장할 수 있습니다.

통제의 대상인 아이는 부모님의 마음에 흡족할지 몰라도 마음은 이미 왜곡되고 병들기 시작합니다.

아이를 인격체로서 존중해 줄 때 자신의 긍정자원을 사용할 수 있는 상태가 됩니다.

🌸 **멘탈코칭 TIP**

1 아이를 처음 보는 낯선 사람처럼 존중하는 마음으로 대해 주세요.
2 아이는 인격을 가진 존재이므로 통제보다 자결성을 갖도록 서포트해 주세요.
3 아이가 원하는 것에 도전할 수 있게 격려해 주세요.

🌸 **부모 코칭 TIP**

공감을 통해 욕구를 해소하라

누군가 공감해주는 것보다
더 달콤한 일은 없다. _ 조지 산타야나

억압된 교육을 받은 아이는 당장에는 모범적이고 착한 아이로 비춰지지만 자라면서 점점 성격이 삐뚤어져 여러 가지 심리적 문제를 갖게 됩니다.

존중받고 공감받는 코칭이 아닌 일방적 통제 속에 자란 아이들은 자기 마음속에 해결되지 않은 욕구와 감정이 쌓여 갑니다.

이러한 부정적 코칭은 엉뚱한 반항 심리를 갖게 만들면서 거짓말을 쉽게 하거나 무뚝뚝한 표정으로 자신의 감정을 잘 표현하지 못하는 아이로 자라게 합니다.

잘못된 코칭과 공감 부족은 아이의 마음속에 위험한 화약을 쌓아가고 있는 것과 같습니다.

❀ 멘탈코칭 TIP

1 아이에게 공감과 신뢰를 표현하세요.
2 아이가 자신의 느낌을 편안하게 표현할 수 있도록 먼저 경청해 주세요.
3 부모님이 먼저 표현해 주세요.

❀ 부모 코칭 TIP

부모와의 의사소통이 아이를 바꾼다

아이들과 함께 있으면 영혼이 치유된다. _포도르 도스토예프스키

아직 아이가 어릴 때 함께하는 시간을 더 많이 가져야 합니다.

아이가 성장할수록 부모님과 함께하는 시간이 줄어들게 됩니다.

어릴 때 부모님과 함께하며 충분한 커뮤니케이션을 할 수 있다면 안정된 정서와 유연한 인격을 갖추게 됩니다.

그리고 더 넓은 세계를 볼 수 있는 마음의 그릇을 갖게 될 것입니다.

아이가 사고의 폭을 넓히고 긍정적인 세상 모형을 키워가는 것은 부모님과의 대화에서 시작됩니다.

아이와 더 많은 시간을 함께 가지고 아이의 마음을 열게 하는 대화를 많이 해야 합니다.

❀ 멘탈코칭 TIP

1 가족의 소중함에 대해 대화하는 시간을 가져 보세요.

2 가족이 함께 행복을 느낄 수 있게 즐거운 체험을 함께하세요.

3 아이의 관심사에 대해 이야기하세요.

❀ 부모 코칭 TIP

긍정의 착각에 힘을 실어주어라

우리의 운명은 겨울철 과일나무와 같다.
그 나뭇가지에 다시 푸른 잎이 나고 꽃이 필 것 같지 않아도
우리는 그것을 꿈꾸고 그렇게 될 것을 잘 알고 있다. _ 요한 볼프강 폰 괴테

아이는 착각 속에 성장합니다. 유치원생에게 꿈을 물어보면 그 꿈의 크기가 아주 큽니다. 확실한 긍정의 착각입니다. 그리고 그 꿈에 대해 의심의 여지가 없습니다.

초등학생에게 꿈을 물어보면 그 꿈의 크기가 좀 더 구체성을 가집니다. 그렇지만 꿈의 크기가 조금 작아집니다. 점차 착각에서 벗어나려 합니다.

중고등학생이 되면 꿈을 잃어버리는 아이들이 점점 많아집니다. 착각에서 깨어나는 것입니다.

아이가 성장하면서 현실의 상자 속에 갇혀버려 꿈을 잃어가는 모습이 너무나 안타깝습니다.

아이가 꿈을 향해서 더 넓은 세상으로 큰 날갯짓을 하며 훨훨 날아갈 수 있게 긍정의 착각에 힘을 실어주세요.

🌸 멘탈코칭 TIP

1 "잘될 거야."라고 격려의 말을 자주 들려주세요.
2 꿈은 반드시 이루어진다는 믿음을 가질 수 있게 해 주세요.
3 '꿈'이 성공 신념이 될 수 있게 코칭해 주세요.

🌸 부모 코칭 TIP

PART 04

실행의 단계

부모는 아이 인생의 멘토다

성취하는 사람에게 위대한 멘토가 있다.
최초의 위대한 멘토는 부모이다. _ 박영곤

옛말에 그 부모를 알고자 하면 자식을 보면 알 수 있고 그 사람을 알고자 한다면 그 사람의 친구를 보면 알 수 있다고 했습니다.

아이는 따로 가르치지도 않았는데 부모님의 가치관과 얼굴 표정, 제스처, 말투까지도 그대로 닮아갑니다. 그런 변화의 모습을 보며 부모님은 흐뭇해하기도 하고 걱정이 되기도 합니다.

좋은 것만 닮으면 좋겠지만 나쁜 것까지 그대로 닮아가는 모습을 보며 속상하기까지 합니다.

부모님은 아이에게 인생의 멘토로서 아이의 삶에 멘토 역할을 하며 나아갈 길을 밝혀주는 등불입니다. 만약 잘못된 멘토라면 아이의 인생에 장애가 되거나 큰 짐이 될 수도 있습니다.

멘탈코칭 TIP

1 부모님의 공부하는 모습을 아이에게 노출시켜 주세요.
2 아이에게 모범이 되는 언행을 보여주세요.
3 부모님의 가치를 업그레이드하여 아이의 멘토가 되어주세요.

부모 코칭 TIP

자신이 원하는 삶을 찾아라

세상에서 가장 쉬운 일은 자신을 지키는 것이다.
반면에 세상에서 가장 어려운 일은 다른 사람들이 원하는 대로 하는 것이다.
다른 사람들이 우리를 좌지우지하지 않도록 주의하라. _ 레오 부스칼리아

부모님은 성장 과정에서 쏟아부은 관심과 사랑에 대한 보상을 말 잘 듣는 아이로 보상받고자 하는 심리가 있을 수 있습니다.

잘못된 기대와 보상심리는 아이가 자아를 상실하고 부모님이 원하는 가짜 자기로 성장하게 할 수도 있습니다.

어릴 때 자신의 뜻과 관계없이 무조건 부모님에게 순종했던 아이들은 성장해 가면서 인간관계에 여러 가지 장애를 갖게 됩니다.

자기를 잃어버리고 성장한 아이는 어른이 되어서도 맹목적으로 주변 사람의 의견을 따르는 수동적인 삶 속에서 자신을 희생하게 됩니다.

아이 자신이 원하는 삶을 살 수 있는, 진짜 자기를 찾을 수 있는 자결성을 키워주어야 합니다.

🌸 멘탈코칭 TIP

1 자기 자신을 잃지 않기 위해 어떻게 해야 하는지를 코칭해 주세요.

2 "네가 가장 소중한 사람이야.", "어느 누구도 너를 조종할 수 없어."라고 말해 주세요.

3 하고 싶은 말과 행동을 그대로 표현하는 것이 중요하다는 것을 가르쳐 주세요.

🌸 부모 코칭 TIP

어린이가 태어났을 때부터 가지고 있던 불안감에서 헤어나지 못한다면
그 불안감을 나누고 우리가 살고 있는 세상의 신비를 재발견할 수 있도록
도와줄 수 있는 어른이 적어도 한 명은 있어야 한다. _레이첼 카슨

어른의 기준과 관점으로 아이를 가두려고 한다면 그 피해는 아이가 고스란히 입게 됩니다.

아이의 가능성과 잠재된 자원을 개발하고 지원해주는 것이 부모님의 역할임을 잊어버리고 아이를 통제하려는 순간 아이의 가능성과 잠재자원은 점점 메말라 갑니다.

아이는 부모님과의 믿음과 대화를 원하는 것이지 통제를 원하는 것이 아닙니다.

통제욕에 바탕을 둔 코칭은 훈계, 지시, 강요의 모습으로 아이를 억눌러 버립니다.

지혜로운 부모님은 통제하기보다 아이의 강점이 무엇인지 찾고 그 강점을 더 키워줄 수 있는 방법으로 성장시킵니다.

❀ **멘탈코칭 TIP**

1 아이와 자주 대화할 기회를 만드세요.
2 아이는 절대로 부모님의 소유물이 아니라는 사실을 명심하세요.
3 아이의 장점을 찾아 칭찬해 주고 마음을 전하세요.

❀ **부모 코칭 TIP**

아이의 성격은 부모에 의해 형성된다

사람들은 세상에 대한 자신의 의견이
자신의 성격으로 드러나고 있다는 사실을 모르는 것 같다. _ 랠프 월도 에머슨

아이는 부모님과의 커뮤니케이션을 통해 성격을 형성합니다.

"콩 심은 데 콩 나고 팥 심은 데 팥 난다."라는 말이 있습니다.

아이들은 부모님의 성격과 행동까지 그대로 닮아갑니다.

강압적이고 일방통행적인 의사소통 방식까지도 그대로 내면화시켜 버립니다.

아이의 성격 형성은 부모님의 절대적인 영향 속에서 부모님을 그대로 닮아갑니다.

부모님의 성격이 미래에 우리 아이가 갖게 될 성격이 되고 그 성격이 아이의 운명이 됩니다.

아이의 긍정적인 성격 형성을 위해 부모님이 먼저 원만한 성격과 커뮤니케이션 능력을 가져야 합니다.

❋ 멘탈코칭 TIP

1 주관적인 1차적 입장보다 객관적인 3차 입장에서 아이를 코칭하세요.

2 아이를 억지로 변화시키려고 하기 전에 부모가 먼저 변화하세요.

3 아이의 의견을 먼저 물어보고 공감해 주세요.

❋ 부모 코칭 TIP

함께 놀이에 참여하라

씨를 뿌리면 꽃이 된다는 사실,
지식을 나누면 다른 사람도 그 지식을 갖게 된다는 사실,
내가 먼저 웃음을 지으면 상대방 역시 미소로 화답해 준다는 사실은
지속적인 멘탈 수련의 내용이다. _ 레오 부스칼리아

아이의 뇌는 본능적으로 쾌락을 좋아하고 고통을 싫어합니다.

스트레스를 많이 받았을 때 식욕이 당기는 것은 음식을 쾌락으로 받아들이기 때문에 음식을 많이 섭취하여 스트레스를 없애려는 무의식적인 반응이라고 볼 수 있습니다.

신나는 놀이는 뇌에서 쾌락으로 설정되어 있어 엔도르핀과 도파민을 분비하여 아이의 뇌를 건강하고 활력 있게 만들어 줍니다.

함께 놀이에 참여하여 웃어주고 격려해 주고 소리 지르면서 최선을 다하는 부모님의 모습을 보며 아이는 마음의 문을 활짝 열게 됩니다.

아이의 뇌에 놀이는 쾌락으로 설정되어 있기 때문에 놀이를 함께한다는 것은 부모님의 존재를 즐겁고 유쾌한 정서의 대상으로 연합시키게 됩니다.

❀ 멘탈코칭 TIP

1 아이와 함께 놀이를 많이 해 주세요.
2 놀이를 하며 아이와 함께 감정이입과 신체언어를 많이 해 주세요.
3 놀이를 하며 작은 성취를 반복하도록 해주세요. 그리고 계속적인 격려를 해 주세요.

❀ 부모 코칭 TIP

운동을 통해 사회성을 함양하라

운동은 아이의 사회성을 기를 수 있는 최고의 교육수단입니다. 운동 참여는 단순한 신체활동뿐 아니라 규칙과 원리를 배우는 과정입니다.

아이가 여러 친구들과 함께하는 운동을 통해 자신의 주장과 요구하는 법, 스스로의 권리 찾기, 감정을 표현하는 방법, 동료와 상대편에 대한 관계, 사회적 관계를 맺는 법을 제대로 배울 수 있습니다.

어린 시기의 운동 참여는 건강한 멘탈과 생존 전략을 습득할 수 있는 교육적 효과가 있습니다. 만약 이 시기에 제대로 사회성을 형성하지 못하게 되면 성장 이후 사회적으로 무능한 사람이 되거나 사회 부적응자, 반사회적인 사람이 될 수도 있습니다.

사회성은 어릴 때 형성되어야만 성장 과정에서 유능하고 긍정적인 자원을 많이 끌어들일 수가 있습니다.

❀ 멘탈코칭 TIP

1 아이가 좋아하는 운동을 할 수 있는 환경을 만들어 주세요.

2 운동의 긍정적 효과에 대해 아이와 대화하세요.

3 성공이 혼자만의 힘으로 이루어지는 것이 아니라는 교훈을 얻도록 코칭해 주세요.

❀ 부모 코칭 TIP

아이들의 자신감에 날개를 달아라

중요한 것은 사랑 이야기가 아니라
사랑을 할 수 있다는 사실이다. _ 헬렌 헤이스

아이는 부모님의 사랑과 칭찬을 먹고 자랍니다. 모든 부분에서 미성숙한 아이는 부모가 보여주는 조건 없는 사랑과 관심으로 점차 성숙해 갑니다.

아이와의 라포 형성에 가장 큰 영향을 미치는 것은 부모님의 학력이나 사회적 지위가 아니라 따뜻한 관심과 사랑입니다.

아이의 특성을 디테일하게 파악한 다음 잘하는 부분은 더 키워주고 부족한 부분은 채워주어 스스로 성장할 수 있게 서포트해 주는 것이 부모님의 역할입니다.

이러한 부모님의 역할이 아이들의 자신감에 날개를 달게 해 주어 세상을 향해 힘찬 날갯짓을 할 수 있게 해 줄 것입니다.

❀ 멘탈코칭 TIP

1 부모님이 항상 곁에서 지켜보고 있다고 말해주세요.
2 아이의 관심사에 대해 함께 이야기하세요. 그리고 함께 관심을 가져보세요.
3 부모님의 관심과 사랑을 항상 느낄 수 있도록 표현을 자주 해 주세요.

❀ 부모 코칭 TIP

거울뉴런은 스펀지처럼 빨아들인다

지금 이 순간 우리가 느끼는 감정은 하나의 선물이자 지침서이다.
그 감정은 우리를 도와주는 시스템이며,
어떤 행동을 취하라는 신호임을 깨달아라. _ 앤서니 라빈스

거울뉴런은 다른 사람의 특정 움직임을 관찰할 때 우리 뇌에서 활동하는 신경세포입니다. 다른 사람의 감정과 행동을 거울처럼 반영한다고 해서 붙여진 이름입니다.

공감과 모방의 기능을 이 거울뉴런에서 맡고 있습니다.

아이는 부모님의 모든 것을 보고 느끼며 반응합니다.

부모님이 웃어주며 포용하고 욕구를 해결해 주면 아이는 좋은 감정을 갖게 되고 그 기억은 오랫동안 저장되어 있다가 성인이 된 이후 본인도 그와 같은 긍정적인 행동을 그대로 따라하게 됩니다.

아이는 공감과 모방을 통하여 부모님의 훌륭한 자원을 자신의 것으로 만들며 성장해 갑니다.

❀ **멘탈코칭 TIP**

1 아이와 함께 여행을 자주 하세요.
2 부모의 사랑을 행동으로 표현해 주세요.
3 엄마. 아빠의 애정과 사랑을 아이 앞에서 자주 보여주세요.

❀ **부모 코칭 TIP**

작은 변화부터 실천하라

> 큰 변화를 추구할 때 일상의 작은 변화를 무시해서는 안 된다.
> 작은 변화들이 쌓이고 쌓여서
> 예기치 못한 큰 변화가 이룩된다. _ 메리언 라이트 에덜먼

아이는 부모님과의 상호작용 속에서 학습하며 작은 변화들이 쌓여서 조금씩 성장해 갑니다. 부모와의 관계 속에서 심리적, 신체적, 사회적 인식을 넓혀 나가며 자아를 형성합니다.

부모님의 반응이나 피드백이 아이의 단점에 주목할수록 아이는 무능력한 자신을 느끼게 됩니다. 이러한 무력감은 여러 가지 적응 장애의 문제를 일으킵니다. 대부분 아이들의 문제행동 이면에는 부모님과의 부정적 관계가 자리하고 있습니다.

더 이상 부정적 관계가 발전하지 않도록 아이의 강점을 찾아주십시오. 그리고 새로운 넓은 세상을 볼 수 있도록 인정과 격려를 많이 해 주어야 합니다. 아이의 강점을 키워주는 작은 긍정의 코칭이 큰 변화를 만드는 촉매 역할을 할 것입니다.

❀ 멘탈코칭 TIP

1 아이의 문제 행동이 어떻게 형성되었는지 살펴보아야 합니다.
2 단점보다 강점에 주목하세요.
3 아이에 대한 작은 관심부터 가지세요.

❀ 부모 코칭 TIP

아이의 긍정적 의도를 파악하라

문제행동은 있되 문제 아이는 없습니다. 아이의 행동 뒤에 있는 긍정적 의도를 찾아내기만 한다면 그 의도에 맞는 다른 행동의 선택을 할 수 있습니다.

아이의 행동에만 집착해서 긍정적 의도를 무시하고 잘못된 행동을 꾸중하게 되면 아이 입장에서는 억울하고 분한 마음이 생길 수가 있습니다. 그래서 부모님의 말에 대꾸하고 저항하며 때로는 반항하기까지 합니다.

아이의 어떤 말이나 행동에는 반드시 긍정적인 의도가 있다는 것을 안다면 그 의도에 맞는 적합한 행동의 선택을 할 수 있도록 해줄 수 있습니다.

현재의 부정적인 상태보다 아이가 잘할 수 있는 것에 초점을 맞추는 선택이 행동을 바꿀 수 있습니다.

🌸 **멘탈코칭 TIP**

1 행동을 변화시키고 싶다면 아이의 의도를 알아내어 그 의도를 충족시켜줄 다른 행동을 선택하게 해 주세요.

2 아이의 입장에서 긍정적 의도를 파악해 보세요.

3 부정의 꼬리표를 다는 순간 부정적인 아이가 된다는 사실을 명심하세요.

🌸 **부모 코칭 TIP**

아이의 인격을 존중하라

우리는 모두 약점과 실수투성이다.
그러므로 어리석은 행동을 한 것에 대해 서로 용서해 주어야 한다.
이것이 바로 자연의 제1법칙이다. _ 볼테르

아이에게 필요한 건 부모님의 따뜻한 수용과 용서입니다.

회초리를 들어야 아이가 통제되는 상황을 학습하게 되면 비슷한 상황에서 또다시 회초리를 들게 됩니다. 아이가 문제 행동을 할 때마다 회초리를 들게 되며 그 빈도와 강도는 점점 높아지게 되는 것입니다.

처벌은 행동 수정이 지속되어 문제가 해결되었을 때만 교육적인 가치가 있습니다. 그렇지 않다면 그것은 폭력일 뿐입니다. 폭력은 평생 지워지지 않는 상처로 남게 됩니다.

아이가 칭찬과 격려, 인정 등의 말을 듣게 되면 자신이 부모에게 존중을 받고 있는 소중한 사람이라고 생각하며 세상을 온통 밝고 긍정적으로 바라보게 됩니다.

🌸 **멘탈코칭 TIP**

1 "잘하네.", "멋지다."라고 칭찬해 주세요.

2 실수했을 때 먼저 격려해주고 실수의 소중한 가치에 대해 설명해 주세요.

3 어떠한 경우에도 폭력은 안 됩니다.

🌸 **부모 코칭 TIP**

부모의 변화가 우리 아이의 미래다

유전적 기질과 성장 과정에서의 부모의 역할과 관련된 환경적 요인이 개인의 인격형성과 사고의 틀을 형성하는 데 절대적 영향을 미칩니다.

그래서 옛말에 "그 아비를 알고자 하면 그 자식을 보라."라는 말이 있는 것입니다.

아이의 삶을 더 발전적이고 긍정적으로 변화시키고 싶다면 부모님이 변화해야 합니다.

수용적이며 공감할 줄 알고 칭찬과 격려를 많이 보내 주어야 합니다.

부모님의 너그럽고 어진 마음이 우리 아이를 마음이 여유로운 사람으로 성장시켜 줄 것입니다.

🌸 멘탈코칭 TIP

1 타이르기, 대안 제시하기, 요구 들어주기, 공감하기를 먼저 실천하세요.

2 아이가 행복해지길 원한다면 부모가 먼저 행복해지세요.

3 아이는 부모를 보고 배운다는 사실을 명심하세요.

🌸 부모 코칭 TIP

긍정의 신념이 행복한 아이를 만든다

어린이와 청소년기에는 이성의 뇌가 미완성 단계이고 감정의 뇌는 한창 발달되는 시기이므로 무척 예민해져 있는 상태입니다.

이 시기에 부모님이나 선생님으로부터 받는 코칭이나 커뮤니케이션 방법에 따라 감정 조절이나 이성적인 판단 능력 등이 결정됩니다.

만약 이 시기에 뇌의 부정적 감정연합이 강화되면 그 감정 상태가 평생을 갈 수도 있습니다.

반대로 긍정적 체험과 피드백을 많이 받게 되면 자신과 세상을 밝고 희망적으로 바라보게 되어 성취와 행복의 자원을 만들게 됩니다.

🌸 **멘탈코칭 TIP**

1 부모가 풍부한 감정을 가진 사람으로 변할 때 아이가 긍정적으로 변화하며 바른 성장을 할 수 있습니다.
2 아이의 뇌 발달단계에 맞는 공감코칭을 해 주세요.
3 아이의 이성적인 뇌는 아직 미완성 단계라는 사실을 기억해 주세요.

🌸 **부모 코칭 TIP**

잔소리는 부메랑이 되어 돌아온다

부모님의 잔소리는 대부분 아이의 부족한 부분을 채워주거나 잘못된 부분을 바르게 잡아주기 위한 사랑의 마음으로 말하는 것입니다.

걱정되고 안쓰러워 아이가 좀 더 잘되기를 바라는 마음으로 말하는 것이 반복되고 길게 하게 되니까 잔소리가 되어버린 것입니다.

지나친 잔소리는 아이의 자립심과 스스로 생각하고, 판단하고, 행동하는 능력을 떨어지게 하는 부작용으로 나타날 수도 있습니다.

부모님의 기대치에 미치지 못해도 잔소리 대신 칭찬과 격려를 보내는 것이 훨씬 더 효과적입니다.

아무리 긍정적 의도에서 하는 이야기라도 듣는 아이의 입장에서 잔소리로 받아들였다면 말을 하지 않는 것보다 못하게 되어 버립니다.

❀ **멘탈코칭 TIP**

1 잔소리보다 칭찬 횟수를 더 늘려주세요.
2 충고가 필요할 땐 '너 – 메시지'보다 '나 – 메시지'를 사용하세요.
3 아이의 실수나 부족한 부분을 스스로 깨우칠 수 있도록 간접적인 암시를 주세요.

❀ **부모 코칭 TIP**

예절교육의 시작은 존중이다

만약 남이 나를 중하게 여기기를 바란다면
내가 남을 중하게 여기는 것보다 더 좋은 것이 없다. _명심보감

부모님은 자신의 가치관을 일방적으로 아이에게 강요하며 부모님이 원하는 대로 아이가 자라길 바랍니다.

웃어른께 자신이 했던 예절만큼 본인도 아이에게 대접받기를 간절히 원하는 마음을 갖고 있는 것입니다.

부모님이 자신의 생각과 행동을 자유롭게 할 수 있듯이 아이도 자신의 생각과 행동을 스스로 결정할 수 있는 자결성을 인정해 주어야 합니다.

아이를 인격체로 존중해 주어야 합니다.

먼저 존중해 주는 것이 아이를 변화시키는 빠른 길입니다.

그 존중이 부모님을 존중하는 아이의 태도를 형성하게 됩니다.

❀ **멘탈코칭 TIP**

1 예절의 중요성을 교육하되 형식에 너무 집착하지 않게 해 주세요.
2 아이의 말대꾸를 비난하지 마세요. 올바른 자기표현 방법을 코칭해 주세요.
3 상호존중의 마음을 갖도록 부모님이 먼저 존중의 태도를 보내주세요.

❀ **부모 코칭 TIP**

마음속 화를 먼저 해소하라

'화를 낸다.'는 것은 내 마음에 있는 화를 끄집어낸다는 뜻입니다.

실제로는 내 마음속의 화와 짜증을 끄집어내 놓고도 주변 사람과 상황 때문에 화가 났다고 착각을 합니다.

아이와의 대화나 커뮤니케이션에 문제가 있다면 아이의 잘못을 찾기 전에 부모님이 자신부터 먼저 살펴보고 분석해야 합니다.

자신을 분석하려는 시도 자체가 아이를 이해하고 공감하게 만드는 작은 시작이 됩니다.

부모님이 먼저 아이를 존중하고 공감할 수 있는 변화를 시작한다면 아이도 스스로 자신을 비추는 변화의 거울을 갖게 될 것입니다.

🌸 **멘탈코칭 TIP**

1 화는 자신 마음속에 있다는 사실을 아이와 함께 이야기하세요.
2 아이에게 화를 내거나 꾸중을 한다면 그 화나 꾸중이 아이의 마음에 그대로 쌓이게 된다는 것을 명심하세요.
3 부모님 마음속에 화가 있다면 다른 방법으로 화를 해소하세요.

🌸 **부모 코칭 TIP**

칭찬으로 자신감을 키워라

좋은 칭찬 한마디면 두 달을
견디어 낼 수 있다. _ 마크 트웨인

어른과 아이 누구나 칭찬을 들으면 기분이 좋아지고 힘이 솟아납니다.

진솔한 칭찬을 듣게 되면 밥을 먹지 않아도 배가 고프지 않을 만큼 행복감이 가득합니다.

사람은 모두가 착각 속에 살아간다고 했습니다.

이왕 하는 착각이라면 긍정적 착각을 하는 것이 더 좋지 않겠습니까?

칭찬은 아이의 뇌에 긍정의 회로를 활성화시켜 주는 스위치입니다.

칭찬을 통해 '할 수 있다.'는 긍정의 신경회로를 활성화시켜 자신감의 착각을 더 키워 주어야 합니다.

아이가 스스로 자신을 소중한 존재로서 느낄 수 있도록 칭찬 코칭을 지속적으로 해 준다면 무엇이든 할 수 있다는 절대긍정의 자신감을 얻을 수 있습니다.

🌸 멘탈코칭 TIP

1 "그렇지! 그렇게 하는 거야.", "실력이 많이 향상됐어!", "자신감이 상당히 높아졌네."라는 말을 들려주세요.
2 "너 정말 잘하는구나.", "늠름하구나.", "멋있다.", "이렇게 집중력이 좋아진 비결이 뭐?" 라는 칭찬을 해 주세요.
3 작은 성취 경험을 통해 격려를 많이 해 주세요.

🌸 부모 코칭 TIP

아이를 독립적 인격체로 대우하라

자신을 다른 사람과 비교하지 말라. _ 레프 니콜라예비치 톨스토이

우리가 느끼는 만족감이나 행복은 절대적인 기준보다 남과의 비교에서 상대적으로 느끼는 기분에 더 큰 영향을 받는 경우가 많습니다.

아이는 부모님과의 관계 설정에서 자기가 가장 예쁘고 사랑받고 있다는 착각과 기대를 갖고 있습니다.

타인과의 비교를 통해 착각과 기대가 무너졌을 때 아이는 실망을 넘어 좌절과 분노라는 감정을 느끼게 됩니다.

비교는 비교상대를 증오하며 분노하게 만드는 독이 됩니다.

비교는 아이의 마음에 상처로 남게 됩니다.

만약 아이를 비교하면서 코칭하게 되면 시기와 질투, 과도한 경쟁 심리를 갖게 됩니다. 그리고 성격적 부적응 현상과 지나치게 남을 의식하는 삐뚤어진 인격이 형성될 수 있습니다.

✿ **멘탈코칭 TIP**

1 아이 자신의 변화에 대해 인정하고 칭찬해 주세요.

2 자신이 존중받을 때 남을 존중하는 마음이 생깁니다.

3 어떠한 경우에도 비교하여 평가하지 마세요. 아이가 분노할 수 있습니다.

✿ **부모 코칭 TIP**

완벽주의가 아이를 숨 막히게 한다

실수는 발견의 시작이다. _ 제임스 조이스

어떤 상황이나 사람에 대한 대처 방법의 선택이 많은 것을 유연성이라고 합니다.

한 가지 일에 한 가지 반응밖에 하지 못하는 경직성은 다른 사람과의 갈등과 분쟁의 소지가 됩니다.

아이의 실수를 용납하지 않은 부모님의 완벽주의 경향은 유연성이 부족한 경직성 때문입니다. 실수를 허용하지 않은 엄한 코칭은 사고가 경직되고 유연성이 없는 아이로 성장시킵니다.

부모님이 자신의 일에 최선을 다하는 완벽성도 필요하지만 그 완벽성이 아이가 창의적이고 유연한 사고를 못하게 하는 족쇄가 되지 않게 해야 합니다.

🌸 멘탈코칭 TIP

1 문제해결에 대한 답은 여러 가지이며 아이가 그 선택을 할 수 있는 자유가 있다고 코칭해 주세요.
2 아이가 부족한 상태나 실수를 하더라도 "점점 더 잘할 수 있을 거야."라고 격려해 주세요.
3 부모님의 완벽성은 부모님의 자기만족일 뿐 아이를 힘들게 합니다.

🌸 부모 코칭 TIP

긍정의 상태가 긍정의 삶을 창조한다

자아는 이미 만들어진 완성품이 아니라.
끊임없이 행위의 선택을 통해 형성되는 것이다. _ 존 듀이

정신과 육체가 건강한 부모 밑에서 자란 아이는 건강한 자아를 형성합니다. 사회적으로 성공한 부모 밑에서 훈육을 받은 아이는 성장 후 성공할 확률이 더 높습니다. 아이는 부모님의 모든 것을 관찰하고 코칭을 받으면서 부모를 그대로 내면화시켜 가기 때문입니다.

만약에 부모가 우울증을 앓고 있으면 아이에게 그대로 전이되어 아이 또한 우울 증세를 나타냅니다. 또한 부모의 부정적 사고, 편견, 표정, 말, 행동 등이 아이의 뇌에 그대로 프로그래밍되어 부정적 아이로 성장시켜 불행한 삶을 살아가게 할 수도 있습니다.

우리 아이 뇌에 희망과 꿈, 가능성, 미소, 온화한 목소리, 열정, 사랑 등을 심어 주어 긍정의 상태를 만들어야 합니다.

긍정의 상태가 긍정의 삶을 창조하게 합니다.

🌸 멘탈코칭 TIP

1 부모님의 말을 먼저 긍정으로 바꾸세요.
2 긍정의 말을 아이에게 반복적으로 들려주세요.
3 새로운 입력에 의해 뇌의 프로그램이 변하고 행동이 바뀝니다.

🌸 부모 코칭 TIP

아이와의 대화시간을 늘려라

가장 충실한 아부는 무조건 따라 하는 것이 아니라.
상대방의 말을 경청하는 것이다. _조이스 브라더스 박사

아이가 한창 부모님이 필요한 시기에 부모는 사회적, 경제적인 활동이 왕성해집니다. 이 시기에 아이와 함께할 수 있는 시간이 모자라게 되고 점차적으로 아이와 대화하는 시간이 줄어들게 됩니다.

아이는 계속 정신적, 신체적 발달과 성장을 해 가는데 성장속도에 맞는 부모님과의 소통은 점점 줄어들게 됩니다.

억지로라도 시간을 내서 한 달에 한 번 정도는 아이와의 진솔한 대화의 시간을 갖는 것이 꼭 필요합니다.

부모와 함께하는 시간을 통해 아이가 소통과 자기표현 및 경청, 공감의 방법을 배우게 해야 합니다.

아이가 마음으로 원하는 것을 함께 이야기할 수 있는 친구 같은 부모님이 필요합니다.

🌸 멘탈코칭 TIP

1 아이는 자신을 이해해 주는 부모님께 마음의 문을 열어 줍니다.

2 아이의 말을 더 경청하고 관심을 기울여 주세요.

3 어릴 때 아이와의 대화 습관은 먼 훗날 부모님이 노인이 되었을 때도 대화의 끈이 이어지게 해 줍니다.

🌸 부모 코칭 TIP

지향적 동기를 더 높여주어라

아이는 두 가지 동기를 갖고 있습니다.

지향적 동기와 회피적 동기입니다.

자신이 하고 싶고 간절히 원하는 것에 초점을 맞추어 행동을 일으키는 것을 '지향적 동기'라고 합니다.

두 가지 동기 중 아이의 성장관계에서 더 필요한 건 지향적 동기입니다.

사람은 누구나 남에게 인정받고 싶어 합니다. 아이도 남에게 인정받고 존중받고 싶어 하는 마음을 갖고 있습니다.

우월하고 싶은 심리, 자랑하고 싶은 심리, 성취하고 싶은 심리가 지향적 동기를 만듭니다.

아이의 구체적 목표와 사명을 찾게 해 준다면 지향적 동기를 갖게 되어 보다 큰 성취를 이루게 될 것입니다.

❀ **멘탈코칭 TIP**

1 아이의 '지향적 동기'에 대해 관찰하고 함께 이야기를 나누세요.

2 다양한 과제에 대해 성취 경험을 많이 쌓게 해 주세요.

3 구체적인 목표설정에 대해 함께 이야기하세요.

❀ **부모 코칭 TIP**

부모의 역할은 공감하기이다

누군가 공감해 주는 것보다 더 달콤한 일은 없다. _조지 산타야나

아이교육에서 가장 중요한 것은 부모님의 '관심 기울이기'와 '공감하기'입니다. 아이가 갖고 있는 마음의 병은 대부분 관심받지 못하고 공감받지 못해 생기는 것입니다. 이 두 가지만 충족되면 마음에서 생긴 병의 대부분은 치유될 수 있습니다.

특히 공감은 아이를 변화시키고 성장시키는 최고의 영양분이며 자원이라고 할 수 있습니다. 아이가 감정 표현을 할 때 충분한 공감을 해 주기만 한다면 아이는 스스로 감정을 조절하고 해결할 수 있는 능력을 배우게 됩니다.

아이를 믿고 기다려 주어야 합니다.

절대로 아이의 감정까지 부모님이 직접 해결하려고 하지 마십시오.

부모님의 역할은 '관심 기울이기'와 '공감하기'입니다.

❀ **멘탈코칭 TIP**

1 "매우 서운했구나.", "많이 힘들었겠구나."라고 공감해 주세요.
2 "정말 좋았겠는걸!", "네 기분을 나도 함께 느끼고 싶어."라며 기쁨을 함께 나누세요.
3 아이의 감정 표현에 관심과 공감을 보여주세요.

❀ **부모 코칭 TIP**

원칙 있는 인성교육이 먼저다

성공에 불가결하게 큰 도움이
되는 것은 인격이다. _ 어니스트 밀러 헤밍웨이

건전한 인격은 다양한 체험을 통한 긍정적 피드백을 받아 만들어져 갑니다.

온실 속에서 자란 화초는 겉보기에 아주 보기 좋고 건강한 것 같지만 말 그대로 '온실 속의 화초'일 뿐입니다.

너무 과한 무조건적인 과보호와 허용은 오히려 아이를 자기만 알고 주변을 살피지 못하는 인격 장애를 가진 사람으로 성장할 수 있게 만듭니다.

옳고 그름, 허용되는 선과 허용되지 않는 선, 인내심 등의 가장 기본적인 인성교육을 통하여 아이가 성숙한 인격체로 성장할 수 있도록 해야 합니다.

성장 과정에서 아이가 겪게 되는 바른 학습과 경험 모두가 아이의 소중한 성공자원으로 프로그래밍되어 변화와 성장을 가져오게 만듭니다.

✿ **멘탈코칭 TIP**

1 자율적이고 자결성이 높은 아이로 자랄 수 있게 아이를 존중해 주세요.
2 다양한 체험 활동을 많이 시켜주세요.
3 규칙을 정할 때 아이의 의견을 반영하세요.

✿ **부모 코칭 TIP**

과거를 알고 미래를 준비하자

현재까지 이어 온 길을 알아야만
미래를 분명하고 현명하게 계획할 수 있다. _ 아들라이 E. 스티븐슨

어느 누구도 과거로부터 자유로울 수는 없습니다. 그렇다고 우리가 지나간 과거에 끌려가서는 안 됩니다. 좋지 않은 과거로부터의 단절이 필요합니다.

"과거에서 배워라. 그리고 과거와 다르게 행동하라. 그것이 현재를 즐겁게 사는 힘이다."

부모님의 과거 유산 중 좋은 것은 승계하여 아이의 삶을 더 윤택하게 만드는 삶의 자원으로 활용하고 좋지 않은 유산은 단절시켜 더 이상 아이에게 대물림하지 않아야 합니다.

아이는 다른 시간과 공간에서 또다시 다른 모습으로 부모님의 그림자로서 자신의 삶을 살아가기 때문입니다.

🌸 **멘탈코칭 TIP**

1 부정적 대물림 단절을 위한 부모님의 변화가 먼저라는 사실을 명심하세요.
2 좋은 유산과 나쁜 유산을 분류하여 아이에게 좋은 유산의 대물림을 만들어 주세요.
3 변화를 위한 다른 행동을 시작하세요. 결단하면 변화될 수 있는 절대 신념을 가지세요.

🌸 **부모 코칭 TIP**

울고 싶을 땐 마음껏 울게 하라

아프도록 사랑하면 아픔은 없고
더 큰 사랑만이 있습니다. _마더 테레사

아이가 울 때 자신의 감정 표현을 억누르거나 왜곡시키게 되면 감정이 더욱 격해져 더 많이 울게 됩니다.

아이가 울기 시작하면 일단 "그래, 마음껏 울어, 울고 싶을 땐 울어도 돼."라고 따뜻하고 관심 어린 말로 이야기 해 주어야 합니다.

아이에게 지금 당장 필요한 것은 자신의 감정에 대한 표현과 부모님의 공감입니다.

그리고 부모님의 기다림입니다. 아이를 기다려주는 부모님의 인내심이 아이의 감정 조절에 도움이 됩니다.

아이는 부모님의 반응과 피드백에 조건 형성되어 감정 표현과 감정 조절에 대한 패턴을 학습하게 됩니다.

🌸 멘탈코칭 TIP

1 아이가 울고 있을 때 강제로 울음을 그치게 하지 마세요.
2 마음껏 울어도 괜찮다고 말해 주세요.
3 아이가 울 때 지나친 공감이나 반응은 울보 아이로 만들 수 있습니다.

🌸 부모 코칭 TIP

무한 신뢰가 긍정 신념을 만든다

신념을 갖고 있는 한 명의 힘은
관심만 가지고 있는 아흔 아홉 명의 힘과 같다. _존 스튜어트 밀

성공한 사람에게는 신념이 있고 보통 사람에게는 바람과 동경만 있을 뿐입니다.

우리 삶의 결과는 신념에서 만들어집니다. 성공과 실패는 우리가 가진 신념의 결과물입니다. 성공 신념을 얼마나 갖느냐에 따라 아이가 성장해서 사회생활을 할 때 성과가 결정됩니다.

아이가 갖고 있는 신념은 어렸을 때 부모와 주위 환경의 영향을 많이 받게 됩니다.

부모님의 무한 신뢰가 아이의 긍정 신념을 강화시켜 줍니다.

아이의 긍정 신념은 성장 과정에서 수많은 가능성의 기회를 자신의 것으로 만드는 창조의 힘을 갖게 해 주는 훌륭한 도구가 될 것입니다.

🌸 **멘탈코칭 TIP**

1 아이의 손을 잡고 눈을 마주보며 "넌 할 수 있어."라고 해 주세요.

2 사랑의 눈으로 쳐다보며 무한 신뢰를 보내주세요.

3 확신을 심어주는 말을 반복해 주세요.

🌸 **부모 코칭 TIP**

감정을 표현할 수 있게 도와주어라

자신에 대해 솔직히 이야기하지 않으면
다른 사람에 대해서도 솔직히 이야기할 수 없다. _ 버지니아 울프

표현하기 싫어하는 아이는 심리적으로 위축되어 있거나 자신의 생각과 감정이 무엇인지 잘 모르고 어떻게 표현하는지 알지 못합니다.

이는 자연스러운 자기표현에 대한 피드백을 받지 못해 생기는 문제입니다.

표현하지 않은 것이 점차 익숙해지고 편안해집니다.

이런 아이는 부모님이 밝은 모습으로 말을 걸어주고 아이의 감정을 말로 표현해 주는 훈련을 반복해 주어야 합니다.

자신의 기분을 스스로 표현할 때 부모님이 즉시 긍정적인 피드백을 보내 주어야 합니다.

부모님과 상호 라포관계가 형성되면 아이는 안심하고 자기표현을 할 수 있게 되면서 밝고 긍정적으로 성장하게 됩니다.

🌼 멘탈코칭 TIP

1 부모님이 감정 표현을 많이 해 주세요. 아이는 부모님의 표현 방법을 배우고 그대로 따라합니다.

2 아이의 감정 표현에 긍정적인 반응을 보내 주세요.

3 감정 표현이 부족한 아이는 대화를 자주하고 열린 질문을 자주해 주세요.

🌼 부모 코칭 TIP

아이가 듣고 싶은 이야기부터 하라

부모님은 아이와 많은 대화를 한다고 생각하지만 대화기술의 부족으로 일방적인 의사소통을 하는 경우가 많습니다.

아이가 제일 싫어하는 것이 긴 설교와 설득 위주의 잔소리입니다.

아이도 자율의 욕구와 존중의 욕구가 있어 스스로 결정하고 선택하고 싶어 하며 존중받고 싶어 합니다.

지시적이고 일방적인 대화방식에 아이는 자신의 욕구가 침해 당했다고 느끼게 되어 방어적이고 반발심이 작용하여 부모님의 의도와는 반대적인 행동을 하게 됩니다.

소통을 위해서 먼저 아이를 존중해 주세요.

존중은 아이의 마음을 얻을 수 있는 가장 빠른 지름길입니다.

🌸 **멘탈코칭 TIP**

1 부모님이 말을 많이 하기보다 아이의 말을 먼저 들어주세요.
2 아이의 말에 경청하고 공감해 주세요.
3 아이가 듣고 싶은 이야기부터 시작하세요.

🌸 **부모 코칭 TIP**

승패보다 최선의 가치를 알게 하라

동료나 선배들보다 더 잘하려고 너무 애쓰지 말라.
대신, 더 나은 자신이 되도록 노력하라. _ 윌리언 포크너

아이가 성장해 가면서 승부에 집요하게 몰입하고 패배했을 경우 울거나 짜증을 내고 화를 내는 경우를 많이 볼 수 있습니다.

이런 경우 부모님이 절대로 과잉대응을 하면 안 됩니다.

성장단계에서 건강하고 자연스런 현상으로 받아들이고 아이의 감정을 긍정적으로 유도해야 합니다.

성장해 가면서 점차 규칙과 승패를 인정하는 태도가 형성되는데 억지로 감정을 억압해 버리면 감정 표현을 제대로 못하는 장애가 생길 수 있습니다.

승패에 따라 아이가 갖는 감정 표현에 충분히 공감해 주는 것이 중요하며 자기표현을 많이 할 수 있게 해 주어야 합니다.

그러면서 아이는 자신의 감정을 이해하고 조절하며 한 단계 더 나은 사람으로 성장하게 됩니다.

❀ 멘탈코칭 TIP

1 지고 있을 때도 열심히 하는 모습을 격려해 주세요.
2 속임수로 이기는 것보다 정정당당하게 지는 것이 더 가치 있다고 가르쳐 주세요.
3 최선을 다한 결과는 모두가 승리하는 것이라고 가르쳐 주세요.

❀ 부모 코칭 TIP

사랑과 믿음으로 훈계하라

아이의 단순한 실수와 허용되지 않은 잘못된 행동을 구분해서 코칭해 주어야 합니다.

단순한 실수를 했을 경우 격려가 필요하지만 허용되지 않은 잘못을 했을 때는 간략하면서도 단호하게 훈계할 수 있어야 합니다.

훈계가 길어져서 잔소리로 변하면 부모의 감정만 더 격해지는 결과가 됩니다.

훈계당하는 아이의 태도가 바르지 못하면 단호하게 지적하되 절대 화를 내거나 감정 섞인 표현을 해서는 안 됩니다.

훈계 후 아이가 자신의 행동에 대해 반성을 하면 평소의 따뜻한 부모님의 모습을 보여주어야 합니다.

아이를 사랑과 믿음으로써 훈계할 때 아이의 행동이 바뀝니다.

❀ 멘탈코칭 TIP

1 허용되지 않은 경계를 아이가 알 수 있게 구체적인 규칙을 함께 정하세요.
2 감정이 섞이지 않게 훈계해 주세요.
3 훈계가 필요할 때 부모의 믿음을 아이가 느낄 수 있게 긍정적으로 마무리해 주세요.

❀ 부모 코칭 TIP

격려는 비상을 위한 날개가 된다

자기효능감은 성공 신념을 갖게 하여 최선을 다하는 자세를 갖게 해 주는 힘이 됩니다. 시련과 고통 속에 쓰러져도 다시 일어나게 하는 힘이 바로 자기효능감입니다.

자기효능감이 우리 아이를 오뚝이 같은 도전정신과 투지, 열정을 가진 사람으로 성장하게 해 줍니다.

어릴 때 형성된 자기효능감은 성장 과정에서의 긍정적 자원을 자신의 성취자원으로 사용할 수 있는 상태로 만들어 주는 능력을 갖게 해 줍니다.

어려서 잘못된 환경과 코칭으로 자기효능감이 떨어지게 되면 어려움을 헤쳐 나가는 능력이 부족해지고 새로운 도전에 대해 쉽게 포기하고 좌절을 느끼는 사람이 될 수 있습니다.

❋ **멘탈코칭 TIP**

1 아이가 작은 성취를 이룰 때마다 즉시 격려해 주세요.
2 최선을 다한 실수는 또 다른 이름의 성취라고 말해 주세요.
3 아이는 부모님의 격려 횟수만큼 더 크게 성장한다는 사실을 기억하세요.

❋ **부모 코칭 TIP**

방향과 규칙이 필요하다

아이를 너무 구속하고 간섭하는 코칭은 아이를 삐뚤어지게 하는 원인이 되지만 아이를 무한 방치하는 것 또한 부모로서의 책임과 의무를 포기하는 것입니다.

아이는 아직 자신의 사명과 목표가 뚜렷이 정해지지 않았거나 자주 바뀌는 성장 과정입니다.

아이에게 부모의 적절한 방향 제시와 일정한 규칙이 필요합니다.

부모님의 역할은 아이가 바른길을 가도록 서포트해 주는 것입니다.

지나친 과보호도 방치도 아닌 조력자로서의 역할과 멘토로서의 역할을 함께할 때 아이는 자신이 가야 할 방향을 찾게 될 것입니다.

✿ 멘탈코칭 TIP

1 방임은 나중에 아이를 더 힘들게 한다는 사실을 명심하세요.
2 허용되는 선과 허용되지 않은 경계를 일관성 있게 적용시켜 주세요.
3 아이에겐 부모님의 관심과 사랑이 필요합니다.

✿ 부모 코칭 TIP

폭력의 마력에서 벗어나라

아이의 잘못된 행동에 부모님이 화를 내며 힘으로 제압하거나 공격적으로 해결하게 되면 당장은 행동 수정의 효과가 있더라도 성장하면서 부모에게 대항하고 폭력을 행사하는 삐뚤어진 인성을 갖게 됩니다.

화는 화를 부릅니다.

아이가 자라면서 폭력의 위력을 스스로 학습했고 폭력과 관련된 정보가 신경망에 형성되었기 때문에 부모와 똑같은 행동을 하게 되는 것입니다.

아무리 화가 나더라도 아이 앞에서 언어적, 신체적 폭력을 사용해서는 안 됩니다. 아이는 부모님의 언행을 그대로 모방하여 내면화시켜 버리기 때문입니다. 그리고 부모님과 꼭 같은 폭력을 자신도 모르게 사용하는 폭력의 대물림이 될 수 있습니다.

🌸 **멘탈코칭 TIP**

1 "당장 나가!", "너 같은 놈은 필요 없어."와 같은 말은 언어폭력입니다.
2 화가 날 때는 심호흡을 열 번 하는 훈련을 시키세요.
3 화가 날 때 그 자리를 잠시 떠난 후 다시 오세요.

🌸 **부모 코칭 TIP**

도전하지 않으면 성공도 없다

인격은 편안하고 아무 일 없는 고요한 시기에 성장하지 않는다.
오직 시련과 고난을 겪은 후에
영혼이 강해지고 패기가 생기며 성공할 수 있다. _ 헬렌 켈러

부모님의 마음은 항상 '아이 사랑'으로 가득 차 있습니다.

아이가 아플 때는 부모님이 그 아픔을 대신 하고픈 마음입니다.

때로는 이러한 부모님의 사랑이 너무 과하여 아이를 연약하게 성장하게 합니다.

아이는 자라는 식물과 같습니다.

식물이 아무런 어려움 없이 온실 속에서만 자라게 되면 연약해집니다.

아이가 시련과 고난을 이겨내며 성장하는 과정에서 더 건강한 멘탈과 더 강한 성공 신념이 형성됩니다.

아이를 사랑한다면 다양한 체험과 도전을 하게 하십시오.

도전하지 않으면 실패할 일이 없지만 성취 또한 없습니다.

🌸 **멘탈코칭 TIP**

1 다양한 체험과 도전의 기회를 주세요.

2 시련과 고난은 성장의 약이 된다고 코칭하세요.

3 '하마 돼지'의 성공 신념을 강화시켜 주세요.

🌸 **부모 코칭 TIP**

약점을 보완하면 강점이 된다

일단 자신의 약점을 알게 되면
더 이상 그로 인한 불이익을 당하지 않게 된다.
_ 게오르크 크리스토프 리히텐베르크

"위기는 곧 기회다."라는 말이 있습니다.

위기를 극복하는 과정에서 새로운 기회가 찾아온다는 뜻입니다.

사람은 누구나 한 가지 이상의 약점을 갖고 있습니다. 그 약점을 자신이 아느냐 모르냐의 차이가 인간관계 능력에 영향을 미칩니다.

아이는 성장 과정에서 부모를 통해 세상을 보게 됩니다.

그래서 부모는 아이를 비추는 거울이라고 합니다. 아이를 비추는 거울이 아이의 장점을 비추기도 하고 약점을 비추기도 합니다.

아이가 약점을 받아들여 약점에 집착하지 않게 해야 합니다. 약점을 알고 그 약점을 보완할 때 약점이 자신의 강점이 될 수 있습니다.

약점은 강점의 또 다른 이름일 뿐입니다.

💮 멘탈코칭 TIP

1 부모님의 일관성 있는 코칭으로 아이 뇌에 건강한 필터를 만들어 주세요.

2 어떤 과제나 지시를 했다면 인정과 칭찬을 해 주세요.

3 약점을 보완해 주면 약점이 강점이 될 수 있습니다.

💮 부모 코칭 TIP

질문의 씨앗을 뿌리면 반드시 답을 얻는다

교육은 그대의 머릿속에 씨앗을 심어주는 것이 아니라
그대의 씨앗들이 자라나게 해 준다. _ 칼릴 지브란

우리 뇌는 어떠한 질문에도 답을 하게끔 세팅되어 있습니다.

긍정적인 질문에는 긍정의 답을 얻기 위해 마음이 작동합니다.

아이들이 잠재된 자원을 발견하여 스스로 성장할 수 있도록 할 수 있는 부모님의 질문이 성장의 씨앗이 됩니다.

'어떻게 공식'을 통하여 아이의 뇌에 성장의 씨앗을 심어주고 그 씨앗이 자라나게 해 주는 부모님의 코칭이 필요합니다.

어떻게 하면 좀 더 잘할 수 있을까?

어떻게 하면 이 문제를 해결할 수 있을까?

라는 질문의 씨앗을 뿌리는 순간 아이의 뇌는 이미 문제해결에 대한 답을 찾아가게 됩니다.

긍정의 질문은 긍정의 답을 구해 줍니다.

❀ **멘탈코칭 TIP**

1 어떻게 하면 더 잘할 수 있을까? 이 질문에 답을 스스로 찾게 해 주세요.
2 문제 해결을 위한 자원은 아이가 갖고 있습니다.
3 질문의 내용이 답의 내용을 유도해 냅니다.

❀ **부모 코칭 TIP**

멘탈마스터

나는 최고의 멘탈마스터다.
나는 세계 최고의 멘탈마스터다.
나는 나의 멘탈을 강화하기 위해 그동안
많은 공부와 트레이닝을 했다.

나는 최고의 멘탈마스터다.
나의 변화를 주변에 나누겠다.
나의 작은 변화가 내 주변 사람을 변화시킬 것이다.
변화된 그 사람이 그들의 주변을 또다시 변화시킬 것이다.

나는 최고의 멘탈마스터다.
나의 사명과 열정이 나를 더 강하게 만들고 있다.
그 사명과 열정이 나를 바꾸고 바뀐 내가
주변 사람과 세상을 변화시킨다.

나는 최고의 멘탈마스터다.
나는 건강하다.
나는 행복하다.
나는 부유하다.

나는 최고의 멘탈마스터다.
나의 생각이 현실이 된다.
나의 말이 현실을 변화시키는 힘을 갖고 있다.
나는 절대긍정의 '하마 돼지'다
'하마 돼지' 세계 최고의 멘탈마스터 박영곤이다.

멘탈마스터 박영곤

부록

아이와 소통하기 멘탈기법

아이와 라포 관계를 형성하여 원만한 커뮤니케이션 기법을 익히는 과정이다.

부모의 일방적인 지시나 강요가 아닌 상호존중의 관계 속에 아이의 건강한 멘탈을 만들어 주는 기법과 화법이라고 할 수 있다.

(1) 관심 갖기

관심 갖기 행동은 부모가 몸과 마음으로 아이에게 관심과 주의를 집중함으로써 아이가 자신이 귀하고 존중받는 대상이라는 자존감을 갖게 해준다. 관심 갖기는 아이와의 라포를 형성하는 지름길이다.

① 좋은 자세

아이를 진정으로 사랑하는 마음이 묻어나는 자세가 중요하다.

아이를 향한 부모의 몸 위치, 움직임 등이 따뜻함과 친밀감을 느낄 수 있게 해야 한다.

② 아이 콘택트

눈은 아이와 마음을 소통하는 길이다. 부드럽게 눈빛을 마주함으로써
아이의 집중력을 높일 수 있으며 부모의 관심을 전해 줄 수 있다.

③ 밝은 표정

부모의 밝은 표정과 가벼운 미소, 부드러운 음성이 아이의 정서를 안
정시키고 수용성을 높여준다.

④ 부모의 반응

아이의 말이나 행동에 적극적인 관심을 보여주어야 한다.
고개를 끄덕이거나 미소 짓기, 맞장구치기 등으로 아이를 이해하려고
진심으로 애쓰고 있다는 것을 알게 해 준다.

(2) 유목화하기

아이의 말에 대한 이해 정도를 전해줄 수 있고 아이의 말을 구체화하
거나 요점을 정리하는 데 도움이 된다.

① 백트랙(동급유목화)

아이가 한 말을 그대로 반복함으로써 아이의 말을 제대로 알아들었는
지 확인할 수가 있다.

예) 아이: "제가 유리창을 깨지 않았어요."
    부모: "그래, 네가 유리창을 깨지 않았다는 말이구나!"

② 바꾸어 말하기

아이의 말을 같은 뜻을 가진 다른 말로 바꾸어 말함으로써 아이와 더
쉽게 소통하는 것이다.

예) 아이: "저는 공부하는 게 정말 싫어요. 밖에 나가 놀고 싶어요."
부모: "지금은 놀고 싶은 마음 때문에 그런 마음이 생겼구나!"

③ 요약하기

아이의 말을 압축하고 정리해서 명확하게 함으로써 대화의 맥락을 잃
지 않게 하고 앞으로의 대화 방향을 리드해 준다.

예) 부모: "네 얘기를 종합해보면 결국 넌 공부를 하기 싫은 게 아니라 놀고 싶다는
얘기구나. 그럼 놀고 나서 공부하는 게 좋겠니?"

(3) 공감하기

아이와의 의사소통에서 가장 중요한 핵심이 바로 공감이다.

아이의 말속에 담겨있는 기분이나 감정을 함께 느끼며 아이 속으로 들
어가서 아이를 변화시키는 라포의 핵심기술이다.

공감의 기본적인 틀은 "너는 ……라고 느끼는구나!", "그렇구나!" 등과
같이 함께 느끼고 이해하는 것이다.

① 표면 공감

아이의 겉으로 드러난 말과 감정 상태를 이해하고 함께 느끼는 것이다.

예) 아이: "저는 요즘 공부하기 너무 힘들어요. 피곤해요."
부모: "그래, 많이 피곤하겠구나!"

② 심층 공감

아이의 말에 신중하게 귀를 기울이는 부모의 공감패턴이다.

아이가 속으로 생각하거나 느끼고 있는 내면의 기분까지 이해하기 때문에 보다 깊은 수준에서의 라포가 형성된다.

예) 아이: "저는 요즘 공부하기 힘들어요. 피곤해요."
부모: "많이 피곤했구나. 공부하느라 힘든 네 마음 충분히 이해한다. 밖에서 놀고 싶은 마음을 참고 네 실력을 향상하기 위해 열심히 공부했으니까 피곤할 수 있겠다. 조금 쉬었다 하는 게 어떨까?"

(4) 맞추기와 이끌기

낚시를 잘하는 사람은 많은 고기를 잡기 위해 고기가 좋아하는 것을 먼저 제공해 준다. 아이를 변화시키고 성장시키기 위해서는 부모의 입장보다 아이의 입장에 먼저 맞추기를 해 주어야 한다.

맞추기는 라포를 형성하게 해 주어 이끌기가 가능하게 해 준다.

아이를 리드하고 싶다면 먼저 맞추기부터 하는 것이 효과적이다.

① 맞추기

아이와 의사소통 과정에서 아이에게 맞추어가는 방법이다.

아이는 자신에게 맞추기를 해 주는 부모에게 무한신뢰를 형성하며 수용적이 된다.

아이는 자기와 비슷한 사람에게 친근감과 편안함을 느끼며 마음의 문을 활짝 연다.

언어적인 맞추기와 비언어적 맞추기를 통해 라포가 강하게 형성된다.

② 이끌기

부모가 아이의 긍정적 변화를 위해 영향을 미치고 특정한 방향으로 유도하는 것이다.

라포 형성은 아이에게 영향력을 미칠 수 있게 하기 위해 하는 것이다.

맞추기를 통해 충분한 라포 형성이 된 후 이끌기를 하게 되면 아이는 부모의 의도대로 쉽게 변화한다.

(5) 질문하기

사람의 뇌는 모든 질문에 답을 하게끔 세팅되어 있다.

부모가 아이에게 어떠한 질문을 하는가에 따라 아이의 마음과 행동이 변화한다.

아이의 이야기 내용에 대해 더 알아볼 것이 있거나 문제를 좀 더 깊이 이해하기 위해 질문하기 기법을 활용한다.

또한 부모가 의도하는 방향으로 아이를 이끌거나 유도하기 위해 사용한다.

좋은 질문이 좋은 말과 행동을 이끌어낸다.

① 폐쇄적 질문

아이에게 '예/아니오'의 대답밖에 못 얻는 질문방법으로 제한된 대답과 정보밖에 얻지 못한다.

예) 부모: "잘 알았지?", "알았어?"

② 개방적 질문

아이의 창의적이고 자유로운 다양한 반응을 촉진하는 질문방법이다.
구체적인 대답이 가능하게 해 준다.

예) 부모: "네 생각은 어때?", "네 느낌은 어떠니?"

③ 직접 질문

아이에게 심문하거나 추궁하는 것 같은 느낌을 줄 수 있으며 대답을
강요하는 것 같은 심리적 부담까지 주게 되어 저항과 거부감을 갖게 만
든다.

예) 부모: "공부 다 했어? 학원 다녀왔어?"

④ 간접 질문

직접 질문보다 강도가 약하지만 효과는 훨씬 더 크다. 추궁하는 부담
이 없으며 잠재의식에 작용하여 아이의 행동변화를 크게 가져온다.

예) 부모: "공부는 다했는지 궁금하구나. 학원은 갔다 왔는지 알고 싶구나."

⑤ 이중 질문

한꺼번에 두 가지를 동시에 묻는 질문법이다. 아이의 선택을 도와주고
자 할 때 사용한다.

예) 부모: "오늘 집에 있을 거야? 나갈 거야?"

⑥ 단일 질문

한 번에 한 가지씩 질문을 하는 것이다. 아이가 차분하게 대답할 수 있
게 해준다.

예) 부모: "오늘 집에 있을 거니?"

⑦ 질문 공세

한꺼번에 여러 가지 질문을 동시에 하는 것으로 아이가 혼란스러워하며 대답할 마음의 여유가 없어진다.

예) 부모: "너 집에 몇 시에 왔니? 밥은 먹었어? 씻는 것은? 학원은 몇 시에 가지?"

⑧ '왜'라는 질문

아이의 행동에 대한 심리를 알고 싶을 때 '왜'라는 질문을 사용하지만 아이는 추궁당하는 느낌이 들며 불쾌감 및 비판적인 느낌을 받게 된다.

예) 부모: "왜 이리 늦었어? 너는 왜 그 모양이냐?"

(6) 자기 노출

부모의 인간적이고 개인적인 경험이나 생각을 아이 상황에 맞는 소재를 활용하여 드러냄으로써 아이가 긍정적 반응을 하게 만든다.

아이는 자신과 유사한 경험을 이야기하는 부모와 친근감과 동일한 감정이 생김으로써 라포가 형성된다.

① 주관적

부모가 자신의 입장에서 경험하거나 느꼈던 감정, 기분, 정보 등에 관해 말하는 것이다. 아이는 자신의 문제와 갈등과 비슷한 부모의 이야기를 들으면서 닫혔던 마음의 문을 열게 되고 라포가 강하게 형성되게 된다.

예) 부모: "나는 한글을 초등학교 4학년 때 깨우쳤어. 그래도 지금 지나고 보니 늦은 게 아니었어. 누가 먼저 출발하는가 보다 누가 더 끈기 있게 오래하는가가 중요하지"

② **공감적**

아이와 공통된 생각, 감정, 기분, 경험, 정보 등을 털어놓는 것이다.

보통 '나도 ……'와 같은 형태로 부모의 감정과 경험, 생각을 표현한다.

예) 부모: "사실은 나도 네 나이 때 남들 앞에서 말하는 걸 무척 힘들어했어. 발표 시간만 되면 긴장되고 떨려서 울고 싶었어. 그런데 연습의 횟수가 늘어나면서 발표에 자신감이 붙었어!"

(7) 피드백

아이의 말과 행동이 다른 사람과 자신의 변화에 어떤 영향을 미치는지에 대해서 알려 주며 아이가 객관적으로 어떻게 비쳐지는지에 대해서 솔직하게 알려 주는 것이다.

* 피드백의 실천

① 아이를 평가하는 말은 피하고 서술식으로 표현한다.

② 부모의 주관적 심증으로 아이에게 피드백해서는 안 된다.
객관적 증거와 정확한 근거를 바탕으로 해서 이루어져야 한다.

③ 아이를 억지로 강제하기보다 스스로 할 수 있도록 안내하고 서포트한다. 행동의 주체는 아이이며 책임도 아이에게 있다는 점을 분명히 한다.

④ 처음에는 긍정적인 것부터 하고 중간에 부정적, 마지막에 긍정적으로 피드백한다.
(샌드위치 피드백)

⑤ 부모의 왜곡된 판단을 피해야 한다.

그럴 만한 근거가 있을 때는 그 근거를 갖고 판단해야 한다.

그럴 경우는 그것이 절대적이어서는 안 된다.

예) 부모: "요 며칠 기찬이가 힘이 없어 보여. 어디 아프니?"
"기찬이 이번 성적이 많이 올랐구나. 노력한 만큼의 결과가 나와서 참 좋겠구나."
"기찬이 인사를 참 잘하네. 기찬이의 바른 예절이 나를 너무나 기분 좋게 해."

(8) 맞닥뜨림

아이가 분명한 잘못을 한 경우나 말의 맥락이 맞지 않을 때, 말과 행동의 불일치나 모순이 있을 때 그것을 지적해 주는 것이다.

맞닥뜨림 기법은 상호 라포가 형성된 상태에서 실시해야 하며 그렇지 않을 경우 서로간의 오해와 상처만 초래할 수 있다.

그래서 최소한의 선택 범위에서 실시해야 한다.

① 맞닥뜨림 적용상황

- 아이가 부정적 자기제한 신념이 너무 강할 때

- 아이의 말이 앞에서 했을 때와 뒤에서 했을 때, 불일치가 있을 때

- 아이의 말이 사실과 다른 거짓을 말하고 있을 때

- 아이의 언행이 도덕, 윤리, 규칙 등과 불일치할 때

② 맞닥뜨림의 주의 사항

- 구체적인 증거를 바탕으로 실시한다.

- 변화를 일방적으로 강요해서는 안 된다.

- 라포가 충분하여 부모의 지적이나 코칭을 수용할 수 있을 때 실시한다.

- 일단 시작했으면 아이의 반발과 저항이 있더라도 끝까지 마무리해야 한다.

- 행동과 의도를 분리하여 부정적 행동에 대해 지적하되 긍정적 의도에 대해서는 인정해 준다.

예) 부모: "기찬아, 너는 평소에 착한 사람인데 화를 내는 상황에서의 네 모습은 실망이야. 특히 화를 낼 때 네 얼굴 표정과 거친 말은 평소의 너와는 전혀 다른 모습인데 어떻게 된 거니?"

(9) 아이와의 갈등해결 기법

아이를 키우고 교육하다 보면 아이의 욕구나 요구를 모두 수용해 주기는 쉽지 않게 된다. 아이와 부모의 이러한 갈등 상황 속에서 합리적인 해결 방법을 찾아야 한다.

① 부모의 승리

부모의 권력이나 권위로 아이의 욕구를 제압하고 무조건적인 복종을 원하는 경우이다. 억압된 아이의 마음에 문제가 발생되며 내적동기 감소와 자결성이 낮아지고 상호 간의 라포가 약해진다.

② 아이의 승리

아이의 욕구에 부모의 신념이나 가치를 포기하게 되는 경우이며 아이

가 너무 강하게 나오기 때문에 뒷수습이 두려워 억지로 들어 주는 경우
가 많다.

'자식 이기는 부모 없다.'는 자조의 말을 하게 된다.

③ 모두의 승리

적극적 의미에서 서로가 이기는 전략으로서 서로의 욕구 충족과 더불
어 좌절이나 갈등이 생기지 않아 가장 바람직한 해결 방법이다.

'나 - 메세지'를 이용하여 아이와의 갈등을 없앤다.

예) 부모: "기찬이가 늦게 귀가하면 무슨 사고라도 났을까봐 내가 너무 불안하다."
"기찬이가 고함지를 때 나는 ......"
"너희들이 형제끼리 다투는 모습을 보면 나는 ......"
"네가 울면 집안 분위기가 침울해져서 모두가 신경이 쓰여."
"네가 엄마 말을 듣지 않을 때 엄마는 ......"

아이와 함께하는 멘탈 트레이닝

* 문장은 각자의 상황과 수준에 맞게 수정해서 활용하면 된다.

(1) 새벽에 잠에서 깰 때

서서히 잠에서 깬다.

그리고 서서히 눈을 뜨며

숨을 크게 마시고 쉬면서

크게 기지개를 켠다.

　아, 좋다~ 개운한 기분이야!

잠이 완전히 깰 때까지 온몸을 크게 편다. (3~5회)

천천히 호흡을 깊게

몸을 편하게 누운 상태에서 30초 정도 있는다.

　너무 편안하다!

곧고 바르게 앉은 자세에서 몸을 편안하게 이완하며

호흡을 조절하면서 긍정적 자기 암시를 반복한다.

　아, 내가 잠에서 깼구나. 너무 잘 잤다. 꿀맛이야!

　기대되는 멋진 아침이 나를 기다리고 있다.

　오늘은 아주 좋은 일이 생길 것 같은 느낌이야.

내 마음과 몸 상태가 너무 좋아.

머리가 맑아지고 상쾌해지면서 기분이 점점 더 좋아지고 있어.

몸에 힘이 넘치고 근육이 꿈틀거리며 움직이려고 하고 있다.

오늘도 나의 잠재력은 깨어난다.

지금 나의 생각이 잠재의식과 연결되었다.

나의 잠재의식은 오늘도 나를 위해 봉사할 준비를 하고 있다.

난 오늘 힘찬 기운으로 즐겁게 하루를 시작한다.

나는 오늘 어떤 상황에서도 최선을 다할 것이다.

오늘 시작을 건강하게 움직일 수 있는 것에 감사한다!

(2) 시련 극복 멘탈

내게 찾아올 시련이 힘든 만큼 난 강해지고 있다.

난 이겨낼 수 있다. 내가 포기하지 않는 한.

세상에 공짜는 없다. 힘든 만큼 성공한다.

지금 내가 힘들다는 건 성공에 보다 가까이 온 것이다.

이 시련이 나의 잠재력과 인내심을 시험하고 있다.

내게 실패와 포기는 없다. 내가 선택할 뿐이다.

나는 어느 때이고 나의 잠재능력을 믿는다.

나는 나의 능력을 믿고 지금의 힘든 상황을

내 삶의 멋진 과정으로 만들 것이다.

나의 상황이 점점 나아지고 있다.

현재 나는 최선을 다하고 있다.

내가 노력한 만큼 상황이 크게 좋아지고 있다.

조금 더 노력하면 이 상황을 이겨내고 최고가 될 수 있다.

나의 목표가 이루어져 가고 있다.

나는 목표를 꼭 달성한다.

오늘도 나는 기쁘다. 도전할 수 있고 발전할 수 있어 행복하다.

(3) 성공 멘탈

잠시 눈을 감고 호흡을 가다듬는다. (2~3회 실시)

역시, 내 판단이 옳았어.

역시, 내 생각대로 성공했어.

좋은 일을 생각하면 좋은 일이 생기는 거야.

좋아. 아주 좋았어. 긍정적인 생각과 행동이 통했어.

그래, 아주 잘되고 있어. 계속 잘될 거야.

앞으로 더 집중하자. 더 큰 성공을 위하여!

난 역시, 훌륭해. 난 무엇이든 할 수 있어.

나의 잠재의식은 성공으로 충만해 있어.

새로운 도전이 기대된다. 난 할 수 있는 사람이니까.

나의 신경회로와 신경망. 지도는 완벽해.

나의 성공의 핵심은 내 안에 있어.

(4) 실수 극복 멘탈

잠시 눈을 감고 호흡을 가다듬는다. (2~3회 실시)

이건 실수가 아니라 더 나은 성공을 위한 좋은 과정이야.

시련이 클수록 그만큼 나는 더 강해지는 거야.

나는 꼭 해낼 수 있어.

나는 나의 능력을 믿는다.

난 할 수 있어. 조금만 집중하자.

나에게 불가능은 없다.

난 지금부터 '어떻게 공식'을 사용하겠다.

어떻게 하면 더 좋은 방법을 찾을 수 있을까?

나의 잠재의식은 절대긍정의 에너지가 가동되기 시작했다.

어떻게 공식의 답을 나의 잠재의식에서 구해줄 것이다.

그냥 쉽게 얻어지는 건 가치가 적다.

나는 다시 시작한다. 바람개비를 돌게 하기 위해 내가 힘껏 달린다.

(5) 과제 도전을 앞둔 멘탈

잠시 눈을 감고 호흡을 가다듬는다. (2~3회 실시)

난 정말 훌륭하게 준비를 마쳤다.

완전한 준비가 끝나고 나의 능력은 충분히 향상되었다.

나의 능력 향상과 더불어 자신감이 생겼다.

나의 컨디션은 최상이다.

나의 세포가 성공을 생각하며 흥분하고 있다.

나는 즐겁게 과제에 도전한다.

나는 꼭 성공한다. 반드시 성공한다.

지금 내가 만나는 사람은 나를 좋아하는 사람이다.

나를 향해 웃는 모습이 보인다.

지금 내가 만나는 사람은 내가 존중하고 좋아하는 사람이다.

오늘 과제는 내가 전문가이며 나의 설명에 많은 사람의 마음이 움직인다.

지금 최고의 결과가 만들어질 즐거운 도전이 시작된다.

나는 할 수 있다.

할 수 있다고 생각하면 할 수 있다.

(6) 과제가 잘 풀릴 때 멘탈

잠시 심호흡을 한다. (2~3회 실시)

그렇지. 아주 좋아! 잘되고 있어.

역시, 이렇게 잘될 줄 알고 있었어.

더욱 좋아질 거야.

옳지. 아주 좋았어.

바로 그거야.

계속 잘할 수 있어.

좋아. 아주 잘되고 있어.

나는 할 수 있어.

성공이 가까워졌어.

난 역시 할 수 있는 사람이야.

1. 자신감 부족으로 긴장될 때

실력의 문제보다 멘탈적으로 자신감이 부족할 때 실시하면 효과가 좋다.

심호흡을 2~3회 정도 실시한다.

숨을 깊게 들이마시면서 "난 많은 준비를 해왔어."

숨을 멈추고 "그래서"

숨을 내쉬면서 "자신 있게 잘할 수 있어."

숨을 깊게 들이마시면서 "이 정도는 별거 아니야."

숨을 멈추고 "그래서"

숨을 내쉬면서 "평소 연습처럼 하면 돼."

숨을 깊게 들이마시면서 "그래, 자신감이 생겼어."

숨을 멈추고 "그렇지."

숨을 내쉬면서 "이제 자신감이 충만하여 아주 잘할 수 있어."

2. 불안과 각성이 높을 때

많은 사람들이 발표나 중요한 행사를 앞두고 각성이 너무 높아질 때 실시한다. 평소에 트레이닝이 되어 있어야 효과가 크다.

심호흡을 2~3회 정도 실시한다.

숨을 깊게 들이마시면서 "내가 준비한 순서를 생각하자."

숨을 멈추고 "그래, 많은 준비를 했지."

숨을 내쉬면서 "내 능력이면 충분해."

숨을 깊게 들이마시면서 "이 정도는 별거 아니야."

숨을 잠시 멈추고 "그래서"

숨을 내쉬면서 "준비한 대로 하면 난 잘할 수 있어."

숨을 깊게 들이마시면서 "전혀 신경 쓸 것 없어."

숨을 멈추고 "왜냐하면"

숨을 내쉬면서 "나를 이렇게 응원하는 사람이 이렇게 많잖아."

3. 심사관의 판정에 대한 긍정멘탈

스포츠 상황이나 심사, 시험, 면접을 앞두고 부정적 정서를 제거할 때 실시한다. 심호흡을 2~3회 정도 실시한다.

숨을 깊게 들이마시면서 "심사관의 판정은 공정해."

숨을 멈추고 "그러므로"

숨을 내쉬면서 "나 스스로 좀 더 최선을 다하자."

숨을 깊게 들이마시면서 "심사관은 훌륭하고 뛰어난 사람이야."

숨을 멈추고 "그러므로"

숨을 내쉬면서 "난 심사관을 믿고 과제에 집중하자."

4. 실패 공포와 부정적 생각

부정적 생각과 실패에 대한 두려움이 생길 때
즉시 실시하면 좋은 효과가 있다.

부정적 생각

내가 성공하지 못하면 안 되는데.

실패하면 어쩌지?

사고 정지

아니야. 그건 잘못된 생각이야.

난 훌륭하게 성공할 수 있어.

관계지향적 암시

나를 보며 웃고 있는 사람과 격려해 주는 친구가 있잖아.

이제 마음이 차분해졌어.

우리 아이 멘탈 언어교정법

(1) 부모님이 절대 사용하면 안 되는 언어

"너, 뭐가 되려고 그러니?"

"너, 도대체 뭐가 부족해서 그러니?"

"아무것도 아닌 것 가지고 요란을 떨어요."

"나는 도대체 네가 이해가 안 된다."

"네 머릿속에는 뭐가 들어 있니?"

"나 그것보다 더 심한 것도 견디고 이겨냈어."

"나 좋으라고 이러냐? 다 너 좋으라고 그러는 거야."

"그것도 못하냐?"

"그따위로 하려면 당장 그만둬."

"지금 뭐하냐? 그것도 운동이라고 하냐?"

"너는 무슨 애가 그렇게 버릇이 없니?"

"어디서 눈을 치켜떠?"

"어디서 버릇없이 굴어?"

"네가 어린애냐? 질질 짜게. 뚝 그쳐!"

"남자가 그만한 일로 울고 그래! 약해가지고 쯧쯧."

"참아라. 무조건 참아라. 참는 게 이기는 거야."

"네가 무조건 양보해. 양보하는 사람이 훌륭한 사람이야."

"네가 손해 보는 게 이기는 거야."

"똑바로 못해? 지금 뭐하는 거야?"

"오늘 일은 아무한테도 말하면 안 돼."

"너는 동생 앞에서 부끄럽지도 않니?"

"누가 널 형이라고 인정하겠니?"

"너 그렇게 하면 아무도 너를 안 좋아해."

"나, 네가 얌전하고 무조건 참는 태도가 좋아."

"우리 기찬이는 너무 착해. 항상 양보해요."

"울면 지는 거야. 코피가 나도 울면 안 돼."

"너의 그런 행동이 우리 모두를 욕먹이는 거야."

"너 선생님이 그렇게 가르쳤니?"

"네가 뭘 잘못했는지 알겠지?"

"너만 힘드니? 다른 아이들도 다 하잖아."

"네가 잘못한 게 있겠지."

"그렇게 나약해서 어디 쓰겠니? 참 한심하다."

"친구가 그 애밖에 없니? 그런 애는 만나지마."

"아니, 그쪽 말고. 아니, 그게 아니라니까."

"아니, 너무 약해. 아니라니까!"

"아니야, 그게 아니야. 정신을 어디다 두고 있어?"

"안 돼. 안 된다고. 귀가 먹었니?"

(2) 부모님이 많이 사용해야 할 멘탈 언어

"넌 참 좋은 성격을 가졌구나."

"넌 잠재력이 참 좋구나."

"넌 매우 창의적인 뇌를 가졌구나."

"넌 무엇이든 할 수 있는 가능성을 갖고 있구나."

"너, 오늘 표정이 밝은 걸 보니 무슨 좋은 일 있었니?"

"고마워. 너의 도움이 컸어."

"새로 산 옷이 네게 너무 잘 어울리는구나."

"자라면서 점점 더 멋있어지고 믿음직스럽구나."

"예의 바르고 여유 있는 태도가 참 보기 좋구나."

"다른 사람들이 널 칭찬할 때 참으로 흐뭇했단다."

"네 친구 기찬이가 인사성이 참 좋구나. 친구는 서로 닮는다고 하지."

"난 네 꿈이 반드시 이루어질 것이라고 믿어."

"넌 마음이 참 따뜻한 사람이구나."

"우리 기찬이는 참 부지런하구나."

"기찬이는 긍정적인 생각과 말을 많이 하는구나."

"기찬이 운동실력이 많이 늘었구나."

"너의 잠재된 자원이 어떤 게 있을까?"

"너는 말을 참 예쁘게 하는구나."

"어떻게 이런 좋은 생각을 하게 되었니?"

"넌 할 수 있어. 그걸 너도 알고 있어."

"넌 마음만 먹으면 무엇이든 할 수 있어."

"네 말이 맞구나. 내 생각이 조금 짧았네."

"넌 할 수 있어. 왜냐하면 넌 의지가 강하니까."

“잘했어. 앞으로 더욱 더 잘할 수 있을 거야.”

“멋쟁이 기찬이! 파이팅!”

“우리 기찬이 몸매가 매력적이네.”

“넌 언제나 듬직하고 믿음직스러워.”

“넌 생각이 참 깊구나!”

“항상 따뜻한 마음으로 챙겨주어 고맙다.”

“너의 따뜻한 관심이 나의 힘든 마음을 가볍게 해 주었어.”

“넌 밝게 웃을 때가 가장 예뻐.”

“너의 다정한 눈빛이 우리 집안 분위기를 따뜻하게 해.”

“넌 신념과 가치관이 뚜렷하구나.”

“순수하고 풍부한 감정을 가졌구나.”

“근검절약하는 태도가 나중에 큰 부자가 되겠는걸!”

“넌 표현력과 자신감이 아주 높구나.”

“참 잘했어요.”

“넌 정말 지혜로운 아이구나.”

“우리 함께 생각해 보자꾸나.”

“네 생각은 어때?”

“난 네 판단을 존중해. 넌 스스로 판단할 수 있는 능력이 있으니까.”

“네 표정이 밝은 걸 보니 오늘은 왠지 좋은 일이 생길 것 같아.”

“넌 다른 사람의 말을 참 잘 들어주는군.”

“난 너의 용기 있는 행동을 보며 위대한 리더십을 가진 이순신 장군이 떠올랐어.”

“난 너와 이야기하다 보면 시간 가는 줄 모르고 재미있단다.”

“이 세상에서 네가 있어 우린 너무 행복하단다.”

“난 너의 열정에 박수를 보내고 싶어.”

"어떻게 그 어려운 일을 이겨낼 수 있었니? 정말 대단하구나."

"나는 상상도 하지 못했다. 네가 이렇게 좋은 선물을 준비한 것을!"

"최선을 다해서 노력했잖아. 이번에 성공 못했어도 우린 배움이라는 더 큰 성공을 했잖아."

"우린 진 게 아니야. 이기기 위한 방법을 한 가지 더 배운 거야."

"잘했어. 충분히 노력했어. 다음엔 더 잘할 거야."

"넌 섬세한 감정을 잘 표현하는구나."

"넌 책을 좋아하니까 훌륭한 사람이 될 수 있어."

"넌 책을 좋아하는 아이가 될 거야."

"넌 호기심이 많은 걸 보니 창의력이 뛰어나구나."

"만약 네가 결심만 한다면 넌 반드시 성공할 수 있어."

"만약 지금보다 두 배로 노력한다면 어떻게 될까?"

"우와! 정말 멋있구나. 굉장한데!"

"정말 대단하구나. 어떻게 이런 멋진 결과가 나왔지?"

"넌 역시, 우리의 기대를 저버리지 않았어."

"넌 우리의 자랑이야."

"열심히 최선을 다한 결과가 오늘의 너를 만든 거야."

"네가 흘린 땀과 열정이 이런 멋진 결과를 만들었다."

"우린 다시 할 수 있어. 한 번 더 해보자고! 될 때까지 해보는 거야."

"그래, 바로 그거야, 그렇게 하는 거야. 잘하고 있어. 계속 그렇게 해봐."

"넌 참 좋은 사람이야. 너와 함께 있으면 그냥 행복해지거든!"

"마지막 마무리를 너무 잘했어. 아주 완벽해."

"앞으로 너의 더 큰 발전과 행복을 위해 노력하자."

"넌 목소리가 참 매혹적이야. 목소리엔 마음이 묻어있거든."

"너도 알고 있겠지만 노력하는 사람을 이길 순 없지."

“네가 직접 봐서 알겠지만 최선을 다할 때 얻는 결과는 가치 있는 거야.”

“난 네가 가족의 가치에 대해 소중하게 생각하고 있다는 것을 알고 있어.”

“지금의 네 기분 충분히 알 수 있을 것 같아.”

“넌 항상 최선을 다해 노력하고 있다는 것을 알고 있어.”

“남을 칭찬할 수 있다는 것은 참으로 좋은 태도야.”

“정의로운 생각과 올바른 행동을 할 수 있다는 것은 대단한 일이지.”

“너의 공부 습관이 너의 성취를 이루게 해 줄 거야.”

“네가 운동을 통해 마음과 신체가 더욱 더 건강하게 될 거야.”

“네가 열심히 한다는 것은 성공할 수 있는 자원을 갖고 있다는 뜻이지.”

“너의 질문은 공부에 대한 관심을 의미하는 거야.”

“지금의 이 자신감을 어떻게 더 키울 수 있을까?”

“너의 집중력을 지금보다 더 높일 수 있는 방법이 무엇일까?”

“네가 열심히 공부할 때 어떤 좋은 느낌이었니?”

“넌 지금보다 훨씬 더 공부를 잘할 수 있어. 그렇지 않니?”

“우리에게 항상 밝은 내일이 있어. 그렇지?”

“우리 가족 모두가 너의 건강에 항상 관심이 많다는 것을 알고 있지?”

“넌 이제 할 수 있어. 그리고 반드시 해야 해.”

“넌 언제든 도전할 수 있어. 그리고 반드시 도전해서 성공해야 해.”

“넌 계속해서 앞으로 전진해 나갈 수 있어.”

“너의 잠재능력을 더욱 더 크게 하기 위해 책 읽는 것이 중요해.”

“네가 이루고 싶은 꿈을 위한 행동을 지금 당장 하든 잠시 후 하든 넌 반드시 하게 될 거야.”

“저기 물건 좀 옮겨 줄 수 있겠니?”

“네가 조금만 도와주면 일이 쉽게 끝날 것 같은데?”

“모든 성공한 사람의 공통점은 책을 가까이했다는 거야.”

"너의 노력을 하늘도 알고 땅도 알고 있어."

"하고 싶은 말은 확실하게 하렴."

"한번 같이 해보자. 시작이 반이라고 하잖아."

"남과 다르다는 것은 좋은 거지. 그 다름이 너의 개성이 되거든."

"할 수 있다고 생각하면 할 수 있게 된단다."

"네 눈으로 직접 확인해 보는 건 어떨까?"

"네가 그 입장이면 네 기분은 어땠을까?"

"속여서 이기는 것보다 정직하게 지는 게 더 낫지 않을까?"

"넌 남의 이야기에 귀 기울이는 여유가 있어 참 좋구나."

"마지막으로 결정은 네가 하도록 해."

"포기하지 않는다면 실패는 없는 거야."

"크게 심호흡을 한 번 하고 다시 한 번 도전해보자."

"내일은 오늘보다 더 좋아질 거야."

"네 안에 모든 게 다 있어. 사랑도, 행복도, 성공도!"

멘탈 용어 해설

* **감각 양식** Sensory Mode

  외부의 정보나 자극을 받아들이고 경험하는 시각·청각·촉각·후각·미각 등의 다섯 가지 감각 통로를 말한다.

* **감각적 민감성** Sensory Acuity

  오감을 통한 감각정보를 보다 세밀하고 디테일하게 구분하여 유용하게 해석하는 과정이다.

* **거울 신경** Mirror Neuron

  다른 사람의 특정 움직임을 관찰할 때 활동하는 신경세포이다.
  이 신경세포는 다른 사람의 행동을 '거울처럼 반영한다.'고 표현한다.

* **결단** Decision

  결정적인 판단을 하거나 단정을 내리는 것이다.
  모든 변화의 시작은 결단이다.
  좀 더 빨리 결단해야 한다.

* **계측** Calibration

  상태의 비언어적 신호나 단서를 디테일하게 관찰하여 그 관찰을 바탕으로 상대의 심리상태를 알아맞히는 것을 말한다.

* **관점 바꾸기** Reframing

특정 기억이나 사실을 여러 관점에서 바라보고 다른 의미를 부여하게 되면 자신의
상태가 바뀌는 기법이다.

* **긍정적 의도** Positive Intention

어떤 신념이나 행동 이면에 가려져있는 긍정적인 마음 또는 목적을 말한다.

* **능력** Capability

어떤 일을 수행하기 위한 성공전략으로서 과제를 성공적으로 수행할 수 있는 기술이다.

* **닻** Anchor

특정한 기억과 반응을 재창조해내는 모든 형태의 자극을 말한다.

* **라포** Rapport

모든 관계의 시작이며 전제조건이 된다.
신뢰관계, 협응관계, 촉진관계를 말한다.

* **리딩** Reading

라포를 유지하며 특정 방향으로 상대를 유도하는 것을 말한다.

* **마음** Mind

뇌가 만들어낸 산물이며 천억 개가 넘는 뉴런이 전기적 신호를 주고받으며 형성된
신경회로에서 만들어진다.

* **맞추기** Pacing

상대의 세상 모형과 일치시킴으로써 라포를 형성하기 위한 커뮤니케이션 기법이다.

* **매칭** Matching

자세·몸짓·손짓·표상체계·목소리 톤·리듬·언어사용법·이야기 내용·표정·
호흡 등을 상대와 맞추는 것을 말한다.

* **메타 모형** Meta Model

언어를 경험과 연결시키는 일련의 언어 양식과 질문을 총칭한다.

* **메타 프로그램** Meta Program

  인간이 지닌 생각과 행동을 결정짓는 상위 프로그램을 말한다.

* **모방하기** Modelling

  성공한 사람의 핵심기술을 추려내어 그대로 따라하여 성과를 이루는 과정이다.

* **무의식** Unconsciousness

  의식 상태에서 접근할 수 없는 잠재된 의식이다.

  특정한 방법(명상 · 최면 · 이완 · 각성)으로 접근이 가능하다.

* **밀턴 모형** Milton Model

  추상적이고 모호한 표현으로 상대를 트랜스 상태로 유도하는 최면적 언어패턴이다.

* **분리** Dissociate

  기억을 재생할 때, 방관자로서 외부에서 바라보는 상태를 말한다.

  실제 그 장소에 있을 때의 감격을 느끼기 어려워지며 자신을 비추는 영상을 바라보
  는 느낌이 든다.

* **삼차적 입장** Third Position

  상황과 분리 상태에서 관찰자의 관점에서 세상을 인식하고 경험하는 것을 말한다.

* **상태** State

  사고 · 느낌 · 감정 · 신체적 · 정신적 에너지의 총체를 말한다.

  상태에 따라 경험이 달라진다.

* **생략** Deletion

  경험을 표현하거나 입력할 때 정보의 일부만이 전달되는 과정이다.

* **선호 표상 체계** Preferred Representational System

  내적으로 사고하고 자신의 경험을 조직화하기 위하여 시각 · 청각 · 신체감각 중에서
  대체적으로 많이 사용하는 표상체계이다.

* **성과** Outcome

목표보다 더 구체적인 개념으로 목표를 달성한 후 무엇을 보고 듣고 느끼고 될지에 초점을 맞춘다.

* **세로토닌** Serotonin

뇌에서 신경전달 물질로 기능하는 화학물질 중 하나이다.
세로토닌이 부족하면 우울증과 불안증이 생긴다.

* **신경가소성** Neuroplasticity

새로운 정보의 입력이 뉴런의 연결을 바꾸는 것을 말한다.
사람이 변화하는 것은 신경가소성이 있기 때문이다.

* **신경언어 프로그래밍** Neuro-linguistic Programming

우수성과 탁월성에 대한 연구이며 주관적 경험의 구조에 대한 연구로서 언어와 관련된 두뇌사용 설명서이다.

* **신념** Belief

자기 자신과 타인, 세상에 대해 변하지 않는 믿음으로 일반화의 개념이다.

* **신체 언어** Body Language

신체적 움직임을 통해 커뮤니케이션을 하는 것이다.
자세·눈빛·표정·몸짓 등을 말한다.

* **연합 상태** Associated State

직접적 경험으로서 마음의 눈으로 보고 모든 감각을 동원해서 경험하는 것으로 일차적 입장이다.

* **예스세트** Yes-set

상대가 반드시 Yes하고 대답하도록 질문을 반복하여 서서히 다른 곳으로 유도하는 표현방법이다.
잦은 Yes를 반복하다 보면 No하고 대답하기 곤란한 상황이 되는 특징을 활용한 대화 기법이다.

* **왜곡** Distortion

편향된 시각으로 정보를 사실과 다르게 파악하는 것을 말한다.
자신의 주관적인 경험에 의해 정보를 처리하기 때문에 생기는 현상이다.

* **융통성** Flexibility

성과를 내기 위해 다양한 사고와 행동을 할 수 있는 능력으로서 유연성이라고 할 수
있다.

* **은유** Metaphor

이야기 형식의 간접적 커뮤니케이션 기법으로서 이야기·비유·풍자 등으로 표현한다.

* **의미기억** Semantic

특정 시점이나 맥락과 연합되어 있지 않은 대상 간의 관계 또는 단어 의미들 간의 관계
에 관한 지식을 말한다. 기억유형 중 일반적인 지식형태로 저장되어 있는 기억이다.

* **의식** Conscious

깨어있는 상태에서 자신과 타인, 환경을 자각할 수 있는 상태를 말한다.

* **이끌기** Leading

상대를 자신이 의도하는 방향으로 변화시키기 위해 라포를 바탕으로 유도하는 기법
이다.

* **이차적 입장** Second Position

상대의 입장과 관점에서 이해하고 바라보는 입장이다.

* **인지** Cognition

정보를 획득하고 파지하고 활용하는 것이다.

* **일관성** Congruence

자신과의 라포가 이루어진 상태로서 신념·가치관·기술·행동의 일관성을 말한다.

* **일반화** Generalization

하나의 경험이 다른 모든 경험을 대표하게 되는 과정을 말한다.

* **일차적 입장** First Position

   자신의 입장에서 상대와 세상을 지각하는 것을 말한다.
   자신의 내면적 실재와 접근하고 있는 상태다.

* **일치시키기** Matching

   상대의 신념이나 행동에 대한 수용과 맞추어주는 기법이다.
   자신과 상대, 환경이 갖고 있는 모든 것이 자원이다.

* **일화 기억** Episodic Memory

   개인의 경험, 즉 자전적 사건에 대한 기억으로 사건이 일어난 시간, 장소, 상황 등의
   맥락을 함께 포함한다.

* **자원** Resources

   성취와 긍정적 상태를 만드는 데 도움이 되는 자신과 상대, 환경이 갖고 있는 모든
   것이 자원이다.

* **잠재의식** Subconsciousness

   의식이 접근할 수 없거나 부분적으로밖에 의식되지 않는 정신영역이다.
   의식을 존중하며 마음의 무한한 성취자원의 창고이다.

* **전략** Strategy

   결과를 달성하기 위해 실행하는 정신적 · 행동적 일련의 단계이다.
   바람직한 성과를 내기 위한 과정이다.

* **전제조건** Presuppositions

   사실과 진실에 관계없이 그것을 사실과 진실로 믿고 그대로 행동하게 되면 변화와
   성과를 낼 수 있다는 전제된 생각이나 신념을 말한다.

* **정체성** Identity

   스스로 자기 자신을 어떻게 생각하느냐는 자아상을 말한다.

* **트랜스** Trance

일시적으로 자신의 내부에 확고하고 일정한 주의를 집중함으로써 일어나는 변형된 의식 상태로 몽환 상태라고도 한다.

* **표상 체계** Representational System

오감적 감각 양식을 사용하여 내면에서 정보나 경험, 기억을 드러내는 여러 가지 통로를 말한다.

* **플라시보 효과** Placebo Effect

실제 약효가 없는데도 약효가 있다고 믿고 약을 복용하면 치료 효과가 나타나는 것을 말한다.

믿음이 약효를 낸다.

* **하위양식** Submodalities

사고나 감정, 믿음의 가장 작은 기본단위이다.

표상 체계 내에서 더 구체적이고 섬세하게 구분된다.

* **헵의 원리** Hebb's Rule

함께 활성화된 뉴런은 연결이 강화된다.

사용하지 않는 회로는 쇠퇴한다.

* **현실 지도** Map of Reality

현실을 지각하는 주관적인 세계로서 세상 모형과도 같은 개념이다.

아이의 행복을 위해
부모가 반드시 해야 할 일!

권선복

도서출판 행복에너지 대표이사
대통령직속 지역발전위원회
문화복지 전문위원

대한민국의 부모들은 걱정이 많습니다. 특히 자녀와 관련된 일이라면 더욱 그렇습니다. 눈에 넣어도 안 아플 아들딸이 나쁜 길로 빠져들지는 않을지, 학교에서 잘 생활은 하고 있는지, 어떻게 하면 좋은 대학에 보낼 수 있을지 전전긍긍하고 먹는 것 입는 것 하나하나 따지고 관리해주기 마련입니다. 하지만 그렇게 과도한 관심과 학업의 무게에 짓눌려 아이들은 힘겨운 하루하루를 보내곤 합니다. 자신의 만족을 위해 오히려 아이들의 행복한 앞날을 가로막는 것은 아닌지 스스로를 돌아봐야 합니다.

책 『부모의 변화가 아이를 살린다』는 올바른 자녀교육을 위한 부모로서의 역할이 무엇인지, 부모의 변화가 아이의 삶을 어떻게 바꿀 수 있는지를 수많은 명사들의 조언을 통해 전하고 있습니다. 아이에게 변화를 강요하는 것이 아니라, 부모 스스로 변화하여 자연스럽게 자녀의 삶에 긍정적 영향을 끼치는 법을 설득력 있게 이야기합니다. '하마 돼지하면 된다라는 뜻'라는 별명을 얻을 만큼 절대긍정의 신념을 가진 박영곤 박사님은 경험적 성취를 토대로 강연과 상담, 멘탈코칭을 통해 긍정의 위대한 힘을 전파하는 전문가입니다. 좋은 원고를 주신 저자에게 감사를 전합니다.

자녀는 나의 또 다른 분신이 아닙니다. 하나의 독립된 개체로서 스스로 삶을 개척하고 꾸려 나갈 권리를 가지고 있습니다. 부모란 그 길을 터주고 응원해주는 조력자라는 사실을 잊지 말아야 합니다. 책 『부모의 변화가 아이를 살린다』를 읽은 많은 부모님들이 아이들의 인생에 있어 가장 위대한 멘토이자 지원군이 되어 주시기를 기대하면서, 모든 독자들의 삶에 행복과 긍정의 에너지가 팡팡팡 샘솟으시기를 기원드립니다.

소리(전 8권)

정상래 지음 | 각 권 13,500원

쏟아져 나오는 책은 많지만 읽을거리가 없다고 탄식하는 독자들이 많다. 그렇다면 근대 한국사에 담긴 우리 한(恨)의 정서에 관심이 있다면, 대하소설의 참맛에 대해 잘 알고 있다면, 정말 제대로 된 작품을 읽어볼 요량이라면 이 소설은 독자를 위한 더할 나위 없는 선물이자 생을 관통할 화두가 되어 줄 것이다.

조영탁의 행복한 경영이야기 세트(전 10권)

조영탁 지음 | 각 권 15,000원

행복한 성공을 위한 7가지 가치, 그 모든 이야기를 담은 『조영탁의 행복한 경영이야기』 전집은 자신은 물론 타인의 삶까지 행복으로 이끄는 '행복 CEO'가 되는 길을 제시한다. 다양한 분야에서 칭송을 받아온 인물들의 저서에서 핵심 구절만을 선별하여 담았다. 저자는 이를 '촌철활인寸鐵活人(한 치의 혀로 사람을 살린다)'으로 재해석하여 현대인이 지향해야 할 삶의 태도와 마음에 꼭 새겨야 할 가치를 제시한다.

통하는 말 통하는 글

김철휘 지음 | 값 15,000원

『통하는 말 통하는 글』은 '현직 연설비서관'의 풍부한 현장 경험과 연구를 통해 '말과 글'의 개념과 올바른 사용법 그리고 연설과 인터뷰의 기법까지 '공(식)적인 소통'을 위한 수준 높은 노하우를 담아낸 책이다. 누구나 교육과 훈련을 통해 충분히 우리 사회에서 인정받을 만한 말하기, 글쓰기 수준을 갖출 수 있음을 설득력 있게 전하고 있다.

위대한 경쟁

정태영 지음 | 값 15,000원

『위대한 경쟁』은 치열한 업무 현장에서 체득한 실용적 노하우들로 가득하다. 여타 자기계발서와는 달리 경쟁 상황에서 승리할 수 있는 역량과 스킬에 초점을 맞추며 경쟁자보다 비교우위의 위치에 우뚝 설 수 있는 방법을 명쾌하게 제시하고 있다. 이 위대한 경쟁에 뛰어들어 행복을 성취하는 첫걸음을 내딛어보자.

직원이 행복한 회사

가재산 지음 | 값 15,000원

『직원이 행복한 회사』는 '한국형 인사조직 연구회'에서 심도 있는 연구 끝에 선별한 '한국형韓國型 GWP' 현장 사례를 소개한다. 이 책에 소개된 기업들은 입사제도와 연봉과 복지, 경영과 기업문화 등에서 일반인들이 언뜻 생각하기 힘든 파격을 선보이며 사람 중심의 인본주의 경영을 몸소 실천하고 있다.

아빠와 딸

정광섭 지음 | 값 15,000원

사랑의 부재가 당연시되는 시대. 각종 불화와 광기가 맞닥뜨려 이 시대엔 아픔도 그 절망의 목소리를 내지 못한다. 저자는 자신의 실화를 담담히 이야기하며 이 불변하는 시대를 극복하고자 그 대안으로서 아버지의 사랑, 즉 사랑의 이름으로 가장 존귀한 부모의 사랑을 내놓은 것이다.

사랑은 왜 낮은 곳에 있는가

이우근 지음 / 값 15,000원

책 『사랑은 왜 낮은 곳에 있는가』는 근래 대한민국의 부끄러운 현실을 엄정히 그려내면서도 미래에 대한 기대와 희망을 놓지 말아야 한다는 격려를 한꺼번에 담아낸 칼럼집이다. 우리 사회가 안고 있는 난제들을 어떠한 방식으로 풀어내야 하는가에 대해 때로는 차분하게, 때로는 속이 시원하게 전하고 있다.

문화예술 리더를 꿈꿔라

이인권 지음 | 값 15,000원

『문화예술 리더를 꿈꿔라』는 폭넓은 경험과 이론을 연마하여 글로벌 경쟁마인드를 체득한 이인권 한국소리문화의전당 대표의 '문화예술 경영서'이다. 공공 문화예술기관의 단일 최장 경영자로 대한민국 최초 공식기록을 인증받기도 한 저자의 모든 노하우가 담긴 만큼 이 책은 알찬 정보와 혜안으로 가득하다.

두 다리는 두 명의 의사다

배근아 · 신광철 지음 | 값 15,000원

『두 다리는 두 명의 의사다』는 신체의 건강을 인문학과 자기계발의 관점에서 바라본 독특한 건강관리서이다. 100세 시대, '다리 건강'이 사람들의 장수長壽를 어떻게 책임지는지 살펴본다. "신체는 통섭의 산물이다."라는 전제하에 다리 건강의 유지, 그 중요성과 방안을 함께 제시한다.

아파트, 아는 만큼 내 집 된다

최성규 지음 | 값 15,000원

현직 공인중개사 사무소 대표가 현장을 밤낮 없이 뛰며 얻은 아파트 분양 노하우와 부동산 이야기! 이 책은 실물시장에서 이루어지는 현상을 있는 그대로 파악 · 분석하고 시장중심적인 관점에서 풀어낸 아파트 분양과 부동산 정보를 에세이 형식으로 쉽고 재미있게 독자에게 전달하다.

남북의 황금비율을 찾아서

남오연 지음 / 값 16,000원

"통일 이전과 이후, 우리는 무엇을 어떻게 준비하고 있는가!" 『남북의 황금비율을 찾아서』는 한반도 내에서만이라도 북한 화폐가 명목지폐에서 벗어나 실물화폐의 역할을 할 수 있는 시스템을 고민하고, 이로써 통화의 부가가치, 즉 남북한 내 새로운 일자리 창출과 실질적 경제통합의 물꼬를 틀 수 있는 방안을 제시하고 있다.

대한민국 비정상의 정상화

권기헌 지음 | 값 15,000원

『대한민국 비정상의 정상화』는 우리나라 국가혁신의 문제점과 미래의 방향을 제시한 하나의 기념비적인 작품이다. '비정상의 정상화'에 관한 철학, 이론, 실천과제를 국가와 정부의 역할을 중심으로 명쾌하게 제시하고 있다. 국가혁신의 근본적인 문제 해결에 접근하지 못하는 현실에서, 시대의 변화에 따른 혁신의 비전을 수립하는 데 중요한 지침서가 되어 줄 것이다.